MARCO POLO

Portugal

Reisen mit Insider Tipps

Diesen Führer schrieben Alois Weimer und Britta Weimer-Langer. Alois Weimer unterrichtete sieben Jahre an der deutschen Schule in Porto und an der Universität von Braga. Seine Tochter Britta wuchs in Portugal auf und studierte in Lissabon.

marcopolo.de

Die aktuellsten Insider-Tipps finden Sie unter www.marcopolo.de, siehe auch Seite 102

MAIRS GEOGRAPHISCHER VERLAG

SYMBOLE

Insider Tipp **MARCO POLO INSIDER-TIPPS:**
Von unseren Autoren für Sie entdeckt

★ **MARCO POLO HIGHLIGHTS:**
Alles, was Sie in Portugal kennen sollten

HIER HABEN SIE EINE SCHÖNE AUSSICHT

WO SIE JUNGE LEUTE TREFFEN

PREISKATEGORIEN

Hotels

€€€	über 85 Euro
€€	50–100 Euro
€	bis 60 Euro

Die Preise gelten pro Nacht für zwei Personen im Doppelzimmer mit Frühstück.

Restaurants

€€€	über 30 Euro
€€	15–30 Euro
€	bis 15 Euro

Die Preise gelten für ein Essen mit Vor-, Haupt- und Nachspeise ohne Getränke.

KARTEN

[114 A1] Seitenzahlen und Koordinaten für den Reiseatlas Portugal

[U A1] Koordinaten für die Lissabonkarte im hinteren Umschlag

[O] Objekte außerhalb der Lissabonkarte

Zu Ihrer Orientierung sind auch die Orte mit Koordinaten versehen, die nicht im Reiseatlas eingetragen sind.

GUT ZU WISSEN

Miguel Torga: »Weinlese« **11** · Portugiesische Spezialitäten **20**
Para embrulhar **80**

Inhalt

Die besten Marco Polo Insider-Tipps ... vorderer Umschlag

Die wichtigsten Marco Polo Highlights ... 4

Auftakt ... 7
Entdecken Sie Portugal!

Geschichtstabelle ... 8

Stichworte ... 13
Von Azulejo bis vinho verde

Essen & Trinken ... 19
Hausmannskost in der besten Tradition

Einkaufen ... 23
Keramik, Kacheln und Kork

Feste, Events und mehr ... 24

Costa Verde ... 27
Die grüne Küste: schönste Landschaft Portugals

Montanhas ... 39
Hinter den Bergen, im Lande des Portweins

Costa de Prata ... 47
Burgen, Klöster, römische Ruinen

Lissabon ... 57
Die Perle am Atlantik

Planícies ... 67
Im weiten Alentejo

Algarve ... 73
Sanfte Dünen und steile Felsriffe

Ausflüge & Touren ... 85
Viel Natur und ein Liebeswäldchen

Sport & Aktivitäten ... 91
Surf and Turf – und natürlich Golf

Mit Kindern reisen ... 95
»Stark für Familien« heißt ein Slogan

Angesagt! ... 98

Praktische Hinweise ... 99
Von Anreise bis Zoll

Sprachführer ... 107

Reiseatlas Portugal ... 111

Kartenlegende Reiseatlas ... 113
Marco Polo Programm ... 133
Register ... 134
Impressum ... 135

Bloss nicht! ... 136

Die wichtigsten MARCO POLO Highlights

Sehenswürdigkeiten, Orte und Erlebnisse, die Sie nicht verpassen sollten

1 Bom Jesus do Monte
Oberhalb der sehenswerten Stadt Braga die barocke Treppenanlage hinauf zur Wallfahrtskirche (Seite 30)

2 Guimarães
Erste Hauptstadt des Königreichs, »die Wiege Portugals« – Stein gewordenes Denken und Fühlen der Portugiesen (Seite 30)

3 Peneda-Gerês-Nationalpark
Tiefe Täler, steile Hänge, ruhige Seen und rauschende Wasserfälle (Seite 30 und 37)

4 Porto
Die heimliche Hauptstadt Portugals, ein brodelndes Wirtschaftszentrum, wo Geschichte und Gegenwart sich glücklich vereinigt haben (Seite 31)

5 Dourotal
Die Landschaft des Portweinflusses steht in ihrer romantischen Schönheit der des Rheines nicht nach (Seite 34)

6 Viana do Castelo
Prächtige Renaissancebauten, die malerische Praça da República und alle Einrichtungen eines Seebades (Seite 35)

7 Von Caminha nach Valença do Minho
Ruhe und Frieden liegen über Fluss und Tal entlang der Grenze zum spanischen Galicien (Seite 36)

Ribeira: Portos Restaurantviertel

Dourotal: Hier »wächst« der Portwein

Schlusspunkt: Kap São Vicente

8 Conimbriga
Wer den Spuren der Römer folgen will, darf an dem »portugiesischen Pompeji«, der größten Ausgrabungsstätte Portugals, nicht vorbeifahren (Seite 51)

9 Batalha und Alcobaça
Zwei Klöster von außerordentlicher Schönheit im Hinterland der Costa de Prata (Seite 52 und 53)

10 Tomar
Die gastliche Stadt am Flüsschen Nabão mit der majestätischen Christusritterburg (Seite 54)

11 Fátima
Jahr für Jahr kommen Millionen Pilger, um die Botschaft der Muttergottes zu hören (Seite 55)

12 Belém
Im neben der Alfama ältesten Stadtteil Lissabons stehen architektonische Zeugen des goldenen Entdeckerzeitalters (Seite 59)

13 Sintra
Auf Schritt und Tritt begegnet man hier der Vergangenheit – ein Städtchen zum Flanieren und Verweilen (Seite 64)

14 Évora
Ein römischer Tempel, maurische Formen und weltoffene Moderne charakterisieren die »Stadt des Lichtes« (Seite 69)

15 Kap São Vicente
Steil und schroff trotzt die felsige Küste den unermüdlich heranwogenden Wellen des Atlantiks (Seite 82)

★ Die Highlights sind in der Karte auf dem hinteren Umschlag eingetragen

Entdecken Sie Portugal!

Das Land der Entdecker am Westrand Europas – sonnige Küsten, maurische und christliche Kunst

Spektakulär: Felsalgarve bei Lagos

Portugal liegt auf der Iberischen Halbinsel, schaut auf den Atlantik und hat Spanien sozusagen im Rücken. Die 832 km lange Atlantikküste ist für Urlauber wie geschaffen: Steilküsten mit bizarren Felsgebilden, überschäumendes Meer und kilometerlange Strände zum Baden. Mit Spanien hat Portugal eine etwa 1300 km lange Grenze gemeinsam. Die beiden atlantischen Inselgruppen der Azoren und Madeiras gehören zwar dazu, machen aber nur gut drei Prozent der Gesamtfläche dieses Landes von rund 90 000 km^2 aus. Wer im Frühjahr aus dem kahlen, grauen Kastilien kommt und die Grenze beispielsweise bei Guarda, der höchstgelegenen Stadt Portugals, überschreitet, kommt in einen vom maritimen Klima begünstigten, immergrünen Garten, der in krassem Gegensatz zur eintönigen kastilischen Hochebene steht.

Rund 10 Mio. Menschen bewohnen das von der Serra da Estrela (der Malhão ist mit 1991 m der höchste Berg des Landes) in zwei Großlandschaften geteilte Land: den durch seine landschaftliche Vielfalt gekennzeichneten Norden und den eintönigeren, recht flachen Süden. Die Bevölkerung ist nicht gleichmäßig auf das Land verteilt. Allein im Großraum Lissabon leben mehr als 3 Mio. Menschen, und Porto, die zweitgrößte Stadt des Landes, zählt in seinem unmittelbaren Einzugsbereich mehr als 1 Mio. Ew.

Dagegen sind die unfruchtbaren Berglandschaften fast völlig entvölkert. Im Süden des Landes, vor allem im Alentejo, stehen den Kleinbetrieben des Nordens Latifundien gegenüber, die Größen von mehr als 3000 ha erreichen. Anfang 1975, nach der portugiesischen Revolution, haben besitzlose Landarbeiter diese Güter besetzt und in Kooperativen bearbeitet. Doch schon 1977 ist die Landnahme in den meisten Fällen wieder rückgängig gemacht worden. Im Land

Die manuelinische Lust am Dekor prägt den Kreuzgang des Klosters in Batalha

Geschichtstabelle

200 v.–410 n. Chr. Römische Herrschaft

410–711 Germanische Invasion – Königreich Portucale

ab 711 Mauren erobern die Iberische Halbinsel

750–1250 Reconquista (Rückeroberung durch Christen)

1139–1383 Herrschaft der Burgunder (Borgonha) – Vertreibung der Mauren, Unabhängigkeit von Spanien, wirtschaftlicher und kultureller Aufschwung

1385–1433 König João I. und sein Sohn Heinrich der Seefahrer betreiben Expansionspolitik – Entdeckung Madeiras und der Azoren sowie der Westküste Afrikas – Portugal steigt zur Weltmacht auf

1495–1521 König Manuel I. – »Goldenes Zeitalter«: Blütezeit in Kunst und Kultur – Cabral entdeckt Brasilien

1580–1640 Spanische Herrschaft – Unterdrückung und Ausbeutung im Inneren – Schwächung der Stellung in Übersee, Verlust eines Teiles des Kolonialbesitzes

17.–19. Jh. Das Haus Bragança – Reichtümer aus Übersee – Verarmung des Volkes – wirtschaftliche Abhängigkeit von England – aufgeklärter Absolutismus unter Marquês de Pombal – französische und englische Besatzung – Bürgerkrieg zwischen Liberalen und Absolutisten – Abtrennung Brasiliens

1910 Am 5. Oktober wird die Republik ausgerufen

1910–1926 Die Erste Republik – sieben Parlamente und 45 Regierungen innerhalb von 16 Jahren – Militärputsch

1928–1974 Die Diktatur Salazars – Sanierung der Staatsfinanzen – neue Verfassung – Abschaffung des Parlaments – Einsetzung einer ständischen Abgeordnetenkammer – Einheitspartei, Unterdrückung der demokratischen Rechte, Widerstand im Land und in den Kolonien

1974 Am 25. April friedlicher Militärputsch – Ende der Diktatur

Seit 1974 Das demokratische Portugal – Landreformen und sozialistische Bestrebungen – Putschversuche – allmähliche Demokratisierung – Selbstständigkeit der Kolonien

1986 Portugal wird Mitglied der Europäischen Gemeinschaft

1998 Aufnahme in die Europäische Währungsunion – Weltausstellung Expo 98 in Lissabon

2001 Porto ist europäische Kulturhauptstadt

herrscht mediterranes Klima. Deshalb wachsen hier auch Eichen, Pinien und Eukalyptusbäume. Im Süden herrscht die Korkeiche vor.

Ein entscheidender Wirtschaftsfaktor ist die Tourismusbranche – immerhin reisen alljährlich rund 11 Mio. Urlauber nach Portugal und geben so rund 600 000 Menschen Arbeit. Das Land investiert: Im Alentejo entsteht der größte Stausee Europas, das Streckennetz der Bahn wird ausgebaut, die U-Bahn-Linien in Lissabon werden erweitert, und für die kommenden Jahre sind ein neuer Flughafen sowie der Ausbau des Autobahnnetzes geplant.

Wie sehr Landschaft, Klima, Geschichte und Aufgeschlossenheit für alles Neue das Lebensgefühl der Portugiesen heute bestimmen, kann der Tourist auf Schritt und Tritt verfolgen. Das ganze Land ist zwar mit modernsten Geräten, Maschinen und Automaten ausgerüstet – doch gelingt es den Portugiesen, den ihnen eigenen Rhythmus weiterhin zu leben. Auch wenn die modernste Kasse sekundenschnell abrechnet, nehmen sich Verkäuferinnen alle Zeit der Welt, um ihre Ware umständlich, aber liebevoll einzupacken. Der gehetzte Mitteleuropäer sieht sich in eine andere Welt versetzt; sein eilendes Drängen nutzt gar nichts. Die Zeit scheint stehen zu bleiben, wird jedenfalls nicht mit Geld gemessen.

»Der gehetzte Mitteleuropäer sieht sich in eine andere Welt versetzt«

Ähnlich befremdend wirkt auf den Urlauber, wenn er auf der Straße in unübersichtlichen Kurven auf halsbrecherische Weise und mit überhöhter Geschwindigkeit überholt wird, dann aber denselben Wagen etwas später am Kai stehen sieht. Der Fahrer und seine Begleitung sitzen dann seelenruhig hinter der Windschutzscheibe, schauen hinaus aufs weite Wasser, genießen wehmütig das Spiel der Wellen und lauschen fast andächtig dem Singen des Meeres. Es macht – unter anderem – den Reiz einer Portugalreise aus, dieser Verquickung des Modernen mit dem Althergebrachten nachzugehen, die gelungene Verschmelzung zu bewundern oder zu belächeln.

Die Baixa: Lissabons Bummelrevier

Dieses Lebensgefühl beherrscht nicht nur den Alltag, sondern auch die Kunst in Portugal. So greift das inzwischen weltberühmte Ensemble »Madredeus« das Volkslied und den Fado mit den leidenschaftlichen Gefühlen auf und verbindet sie so mit Elementen der Rockmusik, dass selbst der Regisseur Wim Wenders von der Musik fasziniert ist und sich zu seinem Film »Lisbon Story« animieren ließ. Ähnlich verfährt Maria Helena Vieira da Silva, wenn sie in den Lissabonner Metrostationen Traditionen und Symbole der Keramikkunst mit modernen Techniken und eigenen Farben und Formen kombiniert.

Weinlese im Lande des Portweins: das grüne Dourotal in Nordportugal

Auch die Literatur webt aus lebendiger Erinnerung ein neues Selbstwertgefühl für die Portugiesen. Ob Miguel Torga in den »Erzählungen aus dem Gebirge« oder in der »Weinlese« eine Welt schildert, wie sie nicht sein soll, und gleichzeitig eine Ethik der Solidarität verkündet, ob Jorge de Sena in »Feuerzeichen« gegen die traditionellen Tabus der portugiesischen Gesellschaft eine neue Sprache für jugendliche Sexualität erfindet oder ob Lídia Jorge im »Paradies ohne Grenzen« Jugendliche, die mit allen Konventionen gebrochen haben, nach neuen Wegen der Selbstverwirklichung suchen lässt: Sie alle erleben Portugal als Wiege der vergangenen, gegenwärtigen und zukünftigen Welt.

»Portugal als Wiege der zukünftigen Welt«

Außer vom Klima und der abwechslungsreichen Vegetation sind Portugal und diese »portugiesische Kultur« durch die Geschichte geprägt. Braga und Guimarães waren noch bewohnt, als die Römer ihren Machtbereich auf die Iberische Halbinsel ausdehnten. Ein halbes Jahrtausend blieben die Römer auf der Iberischen Halbinsel. Sie brachten römische Kultur und Zivilisation, vor allem aber eine einheitliche Sprache ins Land. Mit den Germanenstämmen, die ab 410 über die Pyrenäen drangen und erst an der Atlantikküste Halt machten, kam die Königsidee nach Portugal. Die Wandalen gründeten das Königreich Portucale mit der Hauptstadt Braga. 300 Jahre später nahmen die Araber fast die gesamte Iberische Halbinsel in Besitz. Gegen Ende des 9. Jhs. ging dann vom Königreich León die Reconquista aus, die Rückeroberung der Iberischen Halbinsel durch die Christen. Graf Afonso Henrique ließ sich als erster König Portugals ausrufen.

Vor allem unter König Dinis (1279–1325) blühte das Land auf, und unter dem Haus Avis entwickelte sich Portugal zur Weltmacht. Wesentlich an diesem Aufschwung beteiligt war der Sohn des Königs Henrique (1394–1460), der später den Beinamen »der Seefahrer« erhielt. Den Naturwissenschaften gegenüber aufgeschlossen, gründete er eine Seefahrerschule, an der die wissenschaftlichen und technischen Voraussetzungen für die Entdeckungsfahrten geschaffen wurden. Den Eroberungen der Portugiesen in Nord- und Westafrika folgten die Entdeckung der Azoren und Madeiras (1432), gut 50 Jahre später umsegelte Vasco da Gama das Kap der Guten Hoffnung und erreichte Indien, und Pedro Alvares Cabral entdeckte 1500 Brasilien. Das »Goldene Zeitalter« brach an. Künste, Wissenschaften, Handwerk und Handel wurden gepflegt, und Portugal stieg zur Weltmacht auf. Doch die Kolonisation in aller Welt und das verschwenderische Leben im Inneren zehrten an den Kräften. Schuldige für den beginnenden Verfall wurden gesucht, man vertrieb die Juden und führte die Inquisition ein.

Erst die Einnahmen aus großen Goldvorkommen in Brasilien halfen, die Staatsfinanzen zu sanieren. Ab Mitte des 18. Jhs. führte Marquês de Pombal als aufgeklärter Absolutist tief greifende Reformen durch; er förderte Schulwesen, Landwirtschaft, Handel und Manufakturen.

Im 19. Jh. beherrschten Klassenkämpfe die Politik in Portugal. 1910 wurde Europas dritte Republik ausgerufen. Zur Ruhe aber kam das Land nicht. 1926 putschte das Militär und setzte eine Militärregierung ein. António de Oliveira Salazar wandelte Portugal zu einem faschistischen Ständestaat um. Bis 1968 regierte er das Land mit Hilfe der gefürchteten Geheimpolizei Pide und führte Kriege in den Kolonien. Marcelo Caetano, der Nachfolger Salazars, wollte einen liberaleren Kurs steuern, aber seine Versuche blieben in den Anfängen stecken.

»Im Goldenen Zeitalter stieg Portugal zur Weltmacht auf«

Am 25. April 1974 stürzte die »Bewegung der Streitkräfte« die Regierung. Die Bevölkerung jubelte den Soldaten zu und beschenkte sie mit roten Nelken. Unter wechselnden Regierungen von 1976 an wurde Portugal allmählich zu einem demokratischen Staat mit sozialer Marktwirtschaft. Aus dem einstigen »Armenhaus Europas« wurde in einem Vierteljahrhundert eine ansehnliche Villa mit Blick auf den Atlantik.

Miguel Torga: »Weinlese«

Der Roman ist eine Seelengeschichte der Portugiesen

Schon 1945 erschienen, vermittelt dieser Roman dem Besucher Portugals noch immer mehr von der Mentalität der Portugiesen als so mancher redselige Reiseführer. Der Roman spielt zur Zeit der Weinlese an den Hängen des Douro. 40 Männer, Frauen und Kinder sind aus den Bergen heruntergekommen, um in der Sonnenglut gegen kärglichen Lohn, miserables Essen und drittklassige Unterkunft den Wein zu lesen und zu keltern. Angeheuert hat sie der neureiche Emporkömmling Lopes aus Porto, der ebenso unmenschlich mit den Arbeitern umgeht wie sein brutaler Verwalter Seara. Auch Frau und Tochter des Weingutsbesitzers haben den plötzlichen Reichtum nicht verkraftet. In frommem Nichtstun und eingebildetem Stolz vergeuden sie ihr Leben. Miguel Torga hat mit »Vindima« (Weinlese) eine Seelengeschichte der Portugiesen geschrieben.

Von Azulejo bis vinho verde

Die Kachelkunst Portugals, der »grüne« Wein und der Portwein begegnen wohl jedem Urlauber bei einem Aufenthalt im Land

Azulejos
Der Name kommt aus dem Arabischen und bedeutet so viel wie kleiner, polierter Stein; gemeint sind die meist blauweißen Fliesen, die man in ganz Portugal antrifft. Sie beleben Flächen, reflektieren Licht, dämpfen Lärm und schützen vor Hitze. Bereits im ersten Jahrhundert ihres Eroberungszuges hatten die Araber die bemalte, glasierte Fliese ins Land gebracht. Bis heute ist die Kunst der Azulejos in Portugal lebendig und beliebt geblieben; wie bei uns etwa in Bayern Landschaftsmotive die Hauswände schmücken, so strahlen in Portugal an zahlreichen Neubauten in die Fassade eingelassene Fliesenmalereien.

Luís Vaz de Camões
Kaum ein Künstler ist so im Bewusstsein seines Volkes verankert wie Camões (1524–1579), der Dichter von »Os Lusíadas«. In diesem Nationalepos preist er wortgewaltig die Entdeckungsreisen unter Vasco da Gama als portugiesische Großtat. Ausdruck für die hohe Verehrung ist der »Dia de Camões«, der am 10. Juni, seinem Todestag, alljährlich feierlich begangen wird.

Allgegenwärtiges maurisches Erbe: die meist blauweißen Azulejos

Fado
Der Diktator Salazar hatte allen Grund, den, wie er meinte, »negroiden, kulturlosen Dirnengesang« zu verbieten. Als hätte er geahnt, dass der Sturz seines Regimes dereinst von einem Fadosänger eingeläutet werden würde. Offiziell hat er das Verbot des Fado mit der krankhaft fatalistischen Haltung begründet, die das Lied nicht nur preise, sondern auch im Zuhörer hervorrufe. In Wirklichkeit aber fürchtete der Staatsmann die aufrüttelnde Wirkung der Gesänge aus Lissabon und Coimbra.

Der Ursprung dieser Volkslieder ist ungewiss. Die einen leiten sie aus dem mittelalterlichen Minnelied oder aus der maurischen Musik ab, andere führen sie auf raue Seemannslieder oder fernöstliche Schicksalsgesänge zurück. In Prospekten heißt es häufig, der Fado sei in der Alfama, der Altstadt Lissabons, entstanden. Bei Kerzenlicht tragen dort *fadistas* (Sängerinnen) in schwarzen Kleidern ihre wehmütigen Gesänge vor. Von zwei *gui-*

tarristas (Melodie- und Rhythmusgitarre) begleitet, appellieren sie an die Gefühle, wenn sie von unerfüllter Sehnsucht, von verlorener Liebe und von tiefer Verzweiflung singen. Anders in Coimbra, da tragen in der Regel junge Männer den Fado vor. Auch hier geht es um Liebe und Tod, aber das Unglück wird nicht einem Fatum, einem blinden Schicksal, zugeschrieben, sondern es wird aus den gesellschaftspolitischen und sozialen Verhältnissen abgeleitet. Im Zuhörer wachsen Kräfte des Widerstandes. Vor dieser Art des Fado, der zu einem politischen Lied geworden war, hatte Salazar Angst, und wie berechtigt seine Furcht war, zeigte sich am 25. April 1974, als das Lied des Fadosängers José Afonso, »Grândola, Vila Morena«, von der katholischen Radiostation in den Äther gesandt, zum Zeichen für den Ausbruch der Revolution wurde, die das verhasste Regime überwand.

Liefern den Rohstoff für Flaschenkorken: geschälte Korkeichen

Korkeichen

Jeder dritte Flaschenkorken auf der Welt kommt aus Portugal. Im Alentejo, im Süden des Landes, wachsen in stiller und melancholischer Landschaft ganze Korkeichenwälder. Auf einer Fläche, die so groß ist wie Hessen und das Saarland zusammen, stehen 86 Mio. Exemplare des *Quercus suber.*

Die Bäume müssen fast 20 Jahre alt sein, bevor die Rinde zum ersten Mal abgeschält wird. Mit geübten Schlägen hacken die Männer zwei waagrechte Kerben rund um den Stamm und verbinden sie mit einer senkrechten. Langsam lockern sie mit dem Axtstiel die Rinde, bis diese nachgibt und abspringt. Damit sie die Wölbung verlieren, schichtet man die Stücke auf und beschwert sie mit Steinen. Rund 150 kg Rinde hat ein nackter, jetzt blutig roter Stamm hergegeben, und es werden neun oder zehn Jahre vergehen, bis die Korkeiche von neuem geschält werden kann. In der Fabrik wird die Rinde gekocht, gepresst, getrocknet und in Scheiben geschnitten. Hohlbohrer schneiden Stöpsel aus den Korkstreifen, die dann noch geglättet, rundgeschliffen und desinfiziert werden. Seit mehr als 200 Jahren exportieren die Portugiesen Flaschenkorken. In Säcken bis zu 20 000 Stück werden sie verschickt. Allein der Bedarf Deutschlands beträgt 50 000 Säcke im Jahr.

Manuelinischer Stil

Auch am äußersten Rand Europas finden sich die großen Stilrichtungen der europäischen Architektur: festungsartige romanische Kirchen, die großen gotischen Burgen und Dome mit Spitzbogen und schlanken Säulen, die breiten Schlösser und Herrenhäuser der Renaissance und die mit vergoldetem Holzwerk überladenen barocken Kirchen. Nur wenn der Kunstliebhaber nach Tomar kommt, wenn er Batalha besucht oder vor dem Hieronymus-Kloster in Lissabon steht, ist er irritiert, weil das Bekannte verfremdet ist und nie Gesehenes ihm entgegentritt. Plötzlich entdeckt er das Besondere auch an anderen Orten, hier an Portalen und Fenstern, dort an Säulen und Treppenaufgängen: den manuelinischen Stil.

Entwickelt hat sich diese eigenständige portugiesische Kunstform in der Regierungszeit König Manuels I. (1495–1521), dem Goldenen Zeitalter, als Portugal zu einer Weltmacht geworden war. Mit europäischen Maßstäben gemessen, ist die Manuelinik also ein Übergangsstil von der Spätgotik zur Renaissance. Hauptkennzeichen dieser Architektur ist die Freude am Dekorieren. Grundstrukturen und Bauelemente der Spätgotik und Frührenaissance werden mit Ornamenten verziert, die es bis dahin in der europäischen Baukunst noch nicht gegeben hat. Die Quellen dieser neuen Formenwelt sprudeln reichlich: Maurische, südamerikanische, afrikanische und asiatische Eindrücke wurden von den Entdeckerreisen mitgebracht. Tropische Pflanzen, fremde Tiere, Meeresgetier (Muscheln, Korallen, Fische), Gegenstände aus der Seefahrt (nautische Instrumente, Masten, Anker, Netze, Taue, Ketten) gerinnen zu steinernen Schmuckstücken und zieren verschwenderisch Wände und Mauern, Türen und Fenster, Treppen und Säulen.

Moderne Architektur

Seit den Achtzigerjahren haben in der Architektur Portugals tief greifende Veränderungen stattgefunden, neue Trends sind entstanden. Hatte man bis dahin versucht, althergebrachte Bauformen neu zu beleben, so bestimmten auf einmal postmoderne Strömungen die Bauästhetik. Den Anfang machte Tomás Taveira mit dem Einkaufszentrum und Wohnkomplex Amoreiras (1985) in Lissabon. Ihren bisherigen Höhepunkt fand die Entwicklung im Museum Serralves (1999) in Porto, wo Alvaro Siza Vieira ein Ensemble aus Kunst und Landschaft schuf. Dazwischen liegen die Arbeiten von Eduardo Souto de Moura, ausgezeichnet mit dem Prémio Pessoa, dem höchsten Kulturpreis Portugals, unter anderem die Pousada de Santa Maria do Bouro (1997) in Amares, wo er ein altes Kloster vollständig entkernte und ihm mit Materialien wie Beton, Glas und Stahl neuen Glanz verlieh.

Sehenswert sind auch die Pousada da Flor da Rosa (1990) in Crato von João Luis Carrilho da Graça oder das Altenheim in Tomar (1998) von Fernando Salvador und Margarida Nunes, von denen auch die Lissabonnner Bar Lux (1998) gebaut worden ist. Der Wille zur Moderne hat auch die Restaurierung des historischen Stadtkerns von Guimarães bestimmt.

Und was die Zusammenarbeit mehrer Architekten in dieser Richtung zu leisten vermag, kann auf dem Expogelände in Lissabon und am U-Bahnhof Oriente, einem Gesamtkunstwerk namhafter Architekten und Künstler aus ganz Europa, bewundert werden. Die moderne Architektur ist in Portugal einen

Moderne portugiesische Architektur: U-Bahnhof Oriente in Lissabon

eigenen Weg gegangen, sie hat das Bild des Landes heller und moderner gemacht.

Portwein

Der Portwein ist ein Aperitif oder Dessertwein mit 18 bis 20 Prozent Alkohol. Sein Anbaugebiet liegt am Fluss Douro, es beginnt etwa 100 km östlich von Porto. Bis zu 12 m tief bohren die Rebstöcke ihre Wurzeln in den schieferhaltigen Boden.

Auf den Geschmack des Portweines kamen als Erste die Engländer vor bereits knapp 300 Jahren. Daher rühren die englischen Bezeichnungen auf den Etiketten. Die Trauben des »Vintage Port« stammen aus einem einzigen Jahrgang und kommen nur von den besten Weingütern. »Crusted Port« aus alten Weinen der Nicht-Vintage-Jahrgänge wird nach Lagerung im Fass in Flaschen gefüllt, in denen sich Ablagerungen *(crust)* bilden. »Ruby Port« ist ein junger Weinverschnitt mit rubinrötlicher Färbung. »Tawny Port« ist ein Verschnitt leichter Weine nach langer Fasslagerung, trocken und von heller Farbe. Weißer Port wird aus weißen Trauben nach zweijähriger Fasslagerung gewonnen. Kellereien in Vila Nova de Gaia bieten Führungen an und verkaufen ihren Portwein auch direkt.

Saudade

Saudade ist ein unübersetzbares Wort, da es eine Gefühlswelt beschreibt, die es nur in Portugal zu geben scheint. Schicksal und Gemüt, Wehmut, Sehnsucht und Unglück, all das zusammen und noch viel mehr verstehen die Portugiesen unter *saudade.* Abgeleitet vom lateinischen »solus«, ist sie eng mit dem Begriff der »Einsamkeit« verknüpft; aus dem Alleinsein entspringen Gedanken, Gefühle und Sehnsüchte, aber auch das fatalistische Hinnehmen des Gegebenen und die traurige Freude an Schmerz und Leid. So ist die *saudade* ein permanenter Zustand der Unzufriedenheit mit der Welt und gleichzeitiger aufrichtiger Freude an den liebenswerten Dingen, die den Menschen umgeben.

Sprache
Portugiesisch ist eine eigenständige romanische Sprache; sie wird nicht nur in Portugal, sondern auch auf den portugiesischen Atlantikinseln (Azoren und Madeira), in Macao (Südchina), in Teilen der ehemaligen portugiesischen Kolonien (Afrika, Indien, Indonesien), vor allem aber in Brasilien gesprochen. Insgesamt sprechen rund 130 Mio. Menschen Portugiesisch. Die Sprache ist aus dem lusitanischen Vulgärlatein hervorgegangen; charakteristisch sind die reiche Zeitformenbildung und viele Nasallaute. Eine nützliche Hilfe für unterwegs ist der MARCO POLO Sprachführer »Portugiesisch«.

Stierkampf
Der Stierkampf in Portugal, bei dem die Stiere nicht getötet werden, ist ein farbenprächtiges Spektakel. *Cavalheiros* in Hoftracht auf edlen Pferden ziehen in die Arena, begleitet von *toureiros,* ihren Helfern. In der Tracht der Viehhirten des Ribatejo – weiße Strümpfe und Hemden, Kniehosen, rote Jacken – folgen die *forcados.* Der Kampf beginnt, indem zwei *toureiros* mit ihren roten *capas* das Tier reizen und hinter eine Holzwand flüchten, wenn der Stier sie bedroht. Anschließend folgt der Kampf zwischen Reiter und Stier. Der nächste Teil des Kampfes findet »zu Fuß« statt: Acht *forcados* stellen sich hintereinander auf und gehen langsam auf den Stier zu. Ihr Anführer trägt eine grüne Zipfelmütze und feuert den Stier durch Rufe an. Wenn der Stier auf die Männer zustürzt, springt der erste kurz vor dem Zusammenprall hoch und lässt sich zwischen die Hörner fallen. Seine Mitkämpfer werfen sich auf den Stier, packen ihn mit bloßen Händen an Kopf, Hals und Körper und halten ihn fest, bis das Tier still steht. Die *pega* ist beendet, wenn alle auf ein Kommando loslassen, davonlaufen und nur ein *toureiro* den Stier am Schwanz hält und sich von dem schnaubenden Koloss im Kreise ziehen lässt. Kühe und Ochsen führen den müden Stier danach aus der Arena. Während einer *tourada* werden acht Stiere in die Arena geführt, jeder Kampf dauert zwanzig Minuten.

Die Saison dauert von Ostern bis Oktober. Die Eintrittskarten sind in drei Klassen eingeteilt: *sol* (Sonne), *sol e sombra* (Sonne und Schatten) und *sombra* (Schatten). Es empfiehlt sich, einen Schattenplatz zu nehmen, weil die Sonne sehr heiß sein kann und, wenn sie schräg steht, das Zuschauen, Fotografieren und Filmen erschwert.

Vinho verde
Grüner Wein? Roter grüner Wein? Das Wörterbuch scheint verrückt zu spielen. Wer in Portugal Wein bestellt, muss sich erst einmal entscheiden, ob er einen frischen, spritzigen *(verde)* oder lieber einen reifen, vollen *(maduro)* Wein trinken möchte. *Verde* heißt übersetzt tatsächlich »grün«, steht aber für die Frische und Jugend des Weines. Während die *maduro*-Weine dem Charakter der italienischen, französischen und spanischen Weine entsprechen, ist der *verde*-Wein sehr lebendig, säurehaltig und alkoholarm. Er wird hauptsächlich im Norden, besonders im Minhotal, angebaut. An heißen Tagen ist der weiße *verde,* kühl getrunken, eine köstliche Erfrischung.

Hausmannskost in der besten Tradition

Die portugiesische Küche ist deftig, und an den Portionen wird nicht gespart

Als schmackhaft, aber nicht gerade erlesen wurde die portugiesische Küche bereits vor 400 Jahren bezeichnet. Tatsächlich ist sie das krasse Gegenteil zur Nouvelle Cuisine: Sie ist eine Volksküche, deftige Hausmannskost in gewaltigen Mengen. Wie es auf dem Land so üblich ist, sind die meisten Gerichte durch Resteverwertung als Eintöpfe entstanden. Fisch und Schweinefleisch beherrschen den Speisezettel; Olivenöl und Knoblauch bestimmen den Geschmack.

Das Essen hat in Portugal etwas Kultisches, man lässt sich viel Zeit und genießt die Unterhaltung. Ein Menü beginnt mit kleinen Vorspeisen (je nach Kategorie des Restaurants reicht die Auswahl von Sardinen über Schinken und scharf gewürzte Wurst bis hin zu Hummer) oder einer Suppe. Als zweiter Gang folgt meistens Fisch. Man isst ihn gekocht, frittiert oder gegrillt. Dazu gehören stets eine Portion Kartoffeln und Gemüse oder Salat. Portugals beliebtester Fisch ist der *bacalhau,* bei uns Stockfisch oder Klippfisch genannt. Heute wird er vorwiegend in Mittelportugal an Land gebracht und dort auf niedrigen Gestängen in der Sonne getrocknet. Er muss erst tagelang gewässert werden, ehe er zubereitet werden kann.

Ein Bild, das immer seltener wird: Sardinen trocknen in der Sonne

Als Fleischgang gibt es Schwein, Rind, Ziege, Lamm sowie Geflügel. Eine portugiesische Besonderheit ist die Vermischung von Fleisch und Fisch, z. B. Schweinefleisch mit Venusmuscheln.

Als Nachspeise gibt man sich in Portugal nicht einfach nur mit Käse oder Obst zufrieden. Die Leidenschaft der Portugiesen sind Süßspeisen und süßes Gebäck; da gibt es unzählige Leckereien aus Ei und Zucker, Mandeln, Honig, Kokosnüssen, Feigen, Kürbis, Vanille und Zimt, allesamt ungeheuer süß. Rezepte und Namen sind gleichermaßen phantasievoll: Himmelsspeck, Nonnenbrust, Engelsbauch, Brautbett, Liebeskuchen …

Das Interieur der portugiesischen Restaurants ist üblicherweise einfach und schlicht; durch Kachelverzierungen, besonders im Süden des Landes, auch kühl und auf den ersten Blick ungastlich. »Gemütliche« Dekorationen mit Fischernetzen und Kerzenlicht findet man fast nur in Touristenhochburgen. In solchen *restaurantes típicos* zahlt man dann allerdings auch für das Am-

Portugiesische Spezialitäten

Lassen Sie sich diese Köstlichkeiten gut schmecken!

Comidas (Speisen)

arroz de marisco – Reis mit Meeresfrüchten

bacalhau – Stockfisch, Nationalgericht mit Hunderten Zubereitungsvarianten – gegrillt *(grelhado)*, gekocht *(cozido)*, gebacken *(no forno)*, gedünstet, zerpflückt oder am Stück

bolinhos de bacalhau – frittierte Bällchen aus Stockfisch, Kartoffeln und Kräutern

cabrito assado no forno – Zicklein aus dem Ofen

caldeirada – Fischeintopf

caldo verde – landestypische Suppe aus Kartoffeln, Grünkohl, Olivenöl und Räucherwurst

camarão da costa – Krabben von heimischer Küste

carne do porco à Alentejana – Schweinefleisch mit Venusmuscheln

frango na pucara – geschmortes Hähnchen in Olivenöl mit Reis, Knoblauch und *Piripiri* (Chilisauce)

leitão – Spanferkel

mariscada real – königliche Meeresfrüchteplatte

pastéis – Pastetchen mit Fisch- oder Fleischfüllung

prego – Brötchen mit Steak oder Schinken

rojões – Schweinefleischstücke mit Knoblauch, kross angebraten und gut durchgeschmort, sehr würzig

sardinhas assadas – Sardinen vom Holzofengrill, oft mit *broa de milho* (Maisbrot) serviert

sopa de galinha – Hühnersuppe

sopa de legumes – Gemüsesuppe

sopa de peixe – Fischsuppe

torrada – getoastetes und gebuttertes Weißbrot

tripas à moda do Porto – Kutteleintopf mit Gemüse und Räucherwurst

Bebidas (Getränke)

Bica/cimbalino/café – Espresso

café do avo – Kaffee mit Brandy

carioca – verlängerter Espresso

Cerveja – Bier

galão/garoto – Milchkaffee

laranjada – Orangensaft

limonada – Zitronenlimonade

sumo de limão – Zitronensaft

Einheimischen-Faustregel: je schlichter das Ambiente, desto frischer die Küche

biente. Doch sollte die Qualität eines Restaurants nicht an der Einrichtung, sondern an der Zahl der dort bereits essenden Portugiesen gemessen werden.

Das Mittagessen *(almoço)* wird meist zwischen 12.30 und 15 Uhr, das Abendessen *(jantar)* von 19.30 bis 22 Uhr serviert. In einigen Restaurants kann man auch eine halbe Portion *(meia dose)* bestellen. Viele Restaurants bieten ein komplettes Touristenmenü *(ementa turística)* inklusive Wein und Kaffee besonders günstig an. Außer den *restaurantes* gibt es *churrasqueiras*, Restaurants mit Grillspezialitäten, *marisquerias*, Restaurants mit Fischspezialitäten und Meeresfrüchten, *snackbars* mit kleinen Gerichten für den eiligen Gast, *tascas*, einfache Kneipen mit reichhaltigem und wohlschmeckendem Essen, *cafés* und *confeitarias* mit Kuchen, Sandwiches und kleinen Erfrischungen.

Was den Wein betrifft, rangiert Portugal in der Weltrangliste sehr weit vorne: Das Land gehört nicht nur zu den größten Wein exportierenden Ländern der Welt (obwohl von der Jahresproduktion nicht einmal zehn Prozent exportiert werden), auch der jährliche Weinkonsum pro Kopf erreicht astronomische Werte. Wein ist in Portugal billig. Für ein Gläschen in der Kneipe zahlt man etwa 1 Euro, für einen guten Jahrgangswein im Restaurant ab 8 Euro für die Flasche.

Trotz der günstigen Weinpreise hat sich in den letzten zwanzig Jahren der Bierkonsum in Portugal verdreifacht. Tischgetränk ist Wasser *(água mineral)* aus zahlreichen Heilquellen. Aber auch Leitungswasser kann bedenkenlos getrunken werden. Vormittags trinkt man gerne einen Milchkaffee *(galão)*.

Eine *bica* bzw. einen *cimbalino*, einen Espresso, trinken die Portugiesen zu jeder Tages- und Nachtzeit – oft im Stehen an einer Theke oder plaudernd in einem Café. Daneben steht häufig ein kleiner Schnaps, etwa ein *bagaço*, ein Tresterdestillat, ähnlich der italienischen Grappa, eine *ginginha*, ein Kirschlikör, oder ein *medronho*, ein mit Honig versetzter Likör aus der Frucht des Erdbeerbaumes.

CHÁ

Keramik, Kacheln und Kork

Die traditionellen Produkte des portugiesischen Kunsthandwerks lohnen einen Einkauf allemal

Auch in Portugal wird es immer schwieriger, das von Touristen so gesuchte ländliche, noch ursprüngliche Leben zu finden. In Lissabons Baixa, in Kleinstädten, vor allem jedoch in den Dörfern trifft man sie dann und wann noch an: die Tante-Emma-Geschäftchen und Kramläden.

Beliebte Mitbringsel sind Korbwaren, Flechtereien, Filigranschmuck aus Gondomar (bei Porto), Keramikartikel, Silber- und Goldschmuck (am preiswertesten in Porto), Korkarbeiten aus dem Alentejo, Trachtenpuppen aus Nazaré und natürlich Azulejos.

Märkte und Markthallen

Fast jedes Städtchen des Landes hat seine Markthalle; hier gibt es Obst, Gemüse, Blumen, Fleisch und Fisch. Auf den Wochenmärkten (in fast jedem größeren Ort) gibt es nahezu alles vom Vieh über Kleidung und Geschirr, Obst und Gemüse bis hin zu Kleinmöbeln und Toilettenschüsseln.

Wunderbar stöbern lässt es sich in den altertümlichen kleinen Kolonialwarenlädchen, zum Beispiel in Lissabons Baixa

Keramikartikel

Es gibt schwarze (aus den Bergregionen), rote (aus dem Norden), weiße (aus dem Süden) und stark verzierte, bunte Keramik (aus der Landesmitte). Fabriken sind über das ganze Land verstreut, einige können auch besichtigt werden, so zum Beispiel die Manufaktur in Condeixa-a-Nova, ca. 15 km südlich von Coimbra.

Stickereien

Portugal ist bekannt für seine in Handarbeit gefertigten Tischdecken mit kunstvollen Lochstickereien. Die meisten kommen aus der Region von Viana do Castelo, Amarante und aus Castelo Branco.

Textilien

Hauptsächlich im Norden Portugals sind in den vergangenen Jahren Textilfabriken aus dem Boden geschossen und haben die Kleider- und Schuhfabrikation zu einem wichtigen Zweig der portugiesischen Industrie gemacht. Fabrikverkäufe werden über die Medien und Touristeninfoblätter publiziert. Eine breitere Auswahl an Waren zweiter Wahl findet man auf den Wochenmärkten.

Feste, Events und mehr

Die meisten portugiesischen Feste und Feiern sind religiösen Ursprungs

Feiertage

1. Januar *(Neujahr);* **Karnevalsdienstag; Karfreitag; 25. April** *(Jahrestag der Revolution);* **1. Mai**

Frömmigkeit und Farbenlust

(Tag der Arbeit); **Fronleichnam; 10. Juni** *(Nationalfeiertag – Dia de Camões);* **15. August** *(Mariä Himmelfahrt);* **5. Oktober** *(Gründungstag der Republik);* **1. November** *(Allerheiligen);* **1. Dezember** *(Befreiung von Spanien);* **8. Dezember** *(Unbefleckte Empfängnis Mariä);* **25. Dezember** *(Weihnachten)*

Feste und Veranstaltungen

Februar

Samstag vor Fasching: *Festa de São Grão* in Nazaré, Prozession Kostümierter ins Wäldchen vor der Stadt, anschließend großes Picknick
Festas do Carneval in Loulé am Faschingssamstag

März/April

Festas da Semana Santa, Osterprozessionen durch die geschmückten Straßen Bragas und durch das mittelalterliche Óbidos
Fest der geblümten Fackeln am Ostersonntag in São Brás de Alportel im Hinterland von Faro: Männer laufen mit blumengeschmückten Fackeln durch den Ort. Vor der Kirche belegen sie die Straße mit Blumen.
Am Ostermontag versammeln sich in Constância, wo der Tejo und der Zêzere zusammenfließen, Dutzende geschmückter Schiffe und nehmen an der Prozession zu Ehren von *Nossa Senhora da Boa Viagem* teil.

Mai

Festa da Nossa Senhora do Castelo in Monsanto Anfang des Monats. In Erinnerung an eine List, mit der man eine lange Belagerung über-

wunden hatte, werfen Frauen Blumentöpfe und Nachbildungen eines Kalbes von der Stadtmauer in die Tiefe.
Festa das Rosas Mitte Mai in Vila Franca do Lima bei Viana do Castelo, Fest in der Tradition des Minho mit Folkloretänzen, Musikkapellen und Feuerwerk.
Queima das Fitas (Verbrennen der Bänder zum Studienabschluss) in Coimbra in der zweiten Maihälfte: Studententradition mit Umzügen und zahlreichen Vorführungen
Wallfahrt in Fátima (12./13. Mai)

Mai/Juni
Fest der Tabuleiros (des Templerordens) in Tomar an Pfingsten. Geschmückte Brote werden von weiß gekleideten Mädchen durch die Straßen zur Pfarrkirche getragen. Dazu Folklore, Kunsthandwerkermarkt und Feuerwerk.

Juni
Monat der *Straßenfeste* in Lissabon; nach *arraiais* (Festplätzen) fragen
Festas de São João in Porto am 23./24. Juni: großes Volksfest, die Feiernden klopfen sich im Vorbeigehen mit Knoblauchblüten oder einem Plastkhämmerchen auf den Kopf. Großes Feuerwerk.
Festa de São Pedro, Stadtfest in Sintra (Höhepunkt ist die Nacht vom 28. auf den 29. Juni).
Festas do Colete Encarnado in Vila Franca de Xira bei Lissabon. Im Mittelpunkt stehen die Stierkämpfe (Ende Juni, Anfang Juli).

Juli
Großer Preis der Motorsportboote in Figueira da Foz.

August
Festa da Senhora da Vitória in Batalha Mitte August. In der »Spendenprozession« tragen Mädchen die gesegneten Gaben auf dem Kopf zur Kirche. Die Feierlichkeiten werden von Folklorefestspielen umrahmt.

September
In der ersten Septemberhälfte
Wallfahrt zur Nossa Senhora dos Remédios in Lamego. Tausende von Pilgern kommen, die Wallfahrten werden zu folkloristischen Festen.

Oktober
Wallfahrt in Fátima (12./13. Oktober)

Wallfahrt in Fátima

Die grüne Küste: schönste Landschaft Portugals

Der Norden lockt mit schönen Stränden und einem interessanten Hinterland

Diese Region macht ihrem Namen alle Ehre. Das atlantische Klima mit reichen Niederschlägen und nur zwei bis drei regenarmen Monaten (Juni–August) lässt eine grüne Landschaft entstehen, die von vielen Besuchern als die schönste Portugals gepriesen wird. Die Bauern, die alle nur wenig Land ihr Eigen nennen, nutzen jeden Quadratmeter zum Anbau von Mais, Weizen, Kartoffeln und dem hohen, langstieligen Kohl, der als Grundzutat der Suppe *caldo verde* dient. Der Wein, dessen Reben den köstlichen *vinho verde* ergeben, rankt sich hier an Bäumen, Stangen und Granitpfosten so hoch, dass er mit Leitern gelesen werden muss. Trotz der Nähe zum Meer leben nur wenige Menschen vom Fischfang. men. Doch die sich stark entwickelnde Industrie und der aufkommende Tourismus haben in den letzten Jahren auch dieser Region einen wirtschaftlichen Aufschwung beschert.

Die barocke Kreuzwegtreppe führt hinauf zur Kirche Bom Jesus do Monte bei Braga

Hof in der Serra da Peneda

BRAGA

[114 C4] Wer sich Braga, Portugals viertgrößter Stadt, vom Meer her nähert, durchfährt eine immergrüne Hügellandschaft; Kleinbauern bewirtschaften die durch Granitmauern voneinander getrennten Felder. Braga ist für sie wie für die 170 000 Ew. der Stadt der Mittelpunkt der Welt. Nicht nur, weil »Bracara Augusta« schon zur Römer- und Araberzeit der wichtigste Verkehrsort Nordportugals war, auch nicht, weil im Mittelalter hier zeitweise Könige residierten. Braga verdankt sein Ansehen den hohen geistigen Würdenträgern, den Erzbischöfen, die die Geschicke des Landes mitbestimmten. Immer war die hohe Geistlichkeit auch dem Weltlichen zugewandt. Und so erstaunt es nicht, dass im religiösen Zentrum Portugals neben 20 Kirchen und Palästen aus Mittelalter und Barock auch Kaufhäuser und Fabriken stehen.

SEHENSWERTES

Antigo Paço Episcopal
Der Bücherfreund wird in der großen Bibliothek im ehemaligen Bischofspalast von der Fülle vor allem an alten Handschriften überwältigt sein. *Mo–Fr 9–18 Uhr, Eintritt frei, Rua do Souto*

Palácio dos Biscainhos
Beim Gang durch die Stadt fallen immer wieder die großen, granitenen Herrensitze *(solares)* und Bürgerhäuser auf. Sehenswert sind die *Casa de Avelar* (nur von außen) und der Palácio dos Biscainhos *(Museum). Di–So 10–12.15 und 14–17.30 Uhr, Eintritt 2 Euro, Rua dos Biscainhos*

Sé (Kathedrale)
Mitten in der Altstadt ragt die Kathedrale mit ihren beiden massigen Türmen wie ein Massiv aus dem Häusermeer. An einen romanischen Bau aus dem 11. und 12. Jh. erinnern nur noch die Bögen des Hauptportals und das schöne *Südportal.* Ansonsten ist durch ein dauerndes Verändern und Umbauen ein Gotteshaus entstanden, an dem alle Baustile studiert werden können. Das achteckige manuelinische *Taufbecken* im Inneren, die mit allegorischen Figuren reich geschmückte *Orgel* und der steinerne *Altaraufsatz* mit Christi-Himmelfahrts-Motiven sind neben den beiden *Mariendarstellungen* (Santa Maria de Braga im Inneren und die stillende Gottesmutter außen an der Rückseite des Chors) der Stolz eines jeden Bragensers. Schön sind auch die beiden Kreuzgänge: die *Capela da Glória,* mit Wappen und Kachelbildern geschmückt, und die gotische *Capela dos Reis.*

MUSEUM

Museu de Arte Sacra
Schatzkammer, Museum für sakrale Kunst und Grabkammern sind an die Kathedrale angeschlossen. Unser Tipp: das barocke Chorgestühl und zwei Orgeln (18. Jh.), die jeden Sonntag im Gottesdienst um 11 Uhr gespielt werden. Sehenswert sind auch die drei Grabkammern, vor allem das barocke Grab des ersten Bischofs von Braga, São Geraldo, das einem vergoldeten Hochaltar gleicht, zu dem die mit Azulejos verkleideten Wände einen nüchternen Gegensatz bilden. *Di bis So 9–12 und 14–17 Uhr, Eintritt 2 Euro, bei der Kathedrale*

ESSEN & TRINKEN

Fisch und Meeresfrüchte stehen auf jeder Speisekarte. Besonderheiten sind der geröstete Stockfisch, der Fleisch- und Gemüseeintopf *(cozido à portuguesa)* und gebratenes Zicklein *(cabrito assado).* Die Kohlsuppe *(caldo verde)* mit Räucherwurst und Maisbrot *(broa)* war zwar das Essen der armen Leute, aber sie ist ebenso zu empfehlen wie die typischen Tiegelgerichte. In Braga hat man eine Vorliebe für Süßigkeiten: Probieren Sie *toucinho do céu* (Himmelsspeck), *rabanadas* (arme Ritter) oder *bolo do rei* (Königskuchen).

MARCO POLO Highlights »Costa Verde«

★ **Bom Jesus do Monte**
Wallfahrtskirche bei Braga mit monumentaler Kreuzwegtreppe (Seite 30)

★ **Guimarães**
Burg, Palast, Kirchen, Museen, Straßen und Plätze – Geschichte überall (Seite 30)

★ **Peneda-Gerês-Nationalpark**
Natur kann hier in ursprünglicher Form und wilder Schönheit erlebt werden (Seite 31 und 37)

★ **Porto**
Die Altstadt der Portweinmetropole gehört zum Kulturerbe der Menschheit (Seite 31)

★ **Dourotal**
Im grünen Meer des Weinlaubs den Durst auf einer weißen Quinta löschen (Seite 34)

★ **Viana do Castelo**
»Die Schöne« wurde sie von den Römern wegen ihrer einmaligen Lage an der Mündung des Lima unterhalb des Monte Santa Luzia genannt (Seite 35)

★ **Von Caminha nach Valença**
Auch für den, der den Abstecher auf den Monte Santa Tecla nicht macht, wird die Fahrt am Minho entlang zu einem besonderen Erlebnis (Seite 36)

Insider Tipp
Café Lusitana
Seit Jahrzehnten das beste Café, immer überfüllt, aber mit den besten Stückchen. *Rua Justino Cruz/Jardim de Santa Bárbara*

A Ceia
Preiswert, mit regionaltypischer Küche. *Rua do Raio, Tel. 25 32 39 32,* €€

O Inácio
Beliebtes und relativ preiswertes Gasthaus. *Campo das Hortas 4, Tel. 253 61 32 35,* €€

ÜBERNACHTEN

Insider Tipp
Castelo do Bom Jesus
Auf dem gleichnamigen Berg empfiehlt sich für Individualisten das Schlösschen mit 13 liebevoll hergerichteten Zimmern und Swimmingpool. *Monte do Bom Jesus, Tel. 253 67 65 66, Fax 253 67 76 91,* €€€

Hotel do Parque
Exklusives Haus hoch oben auf dem Monte do Bom Jesus. Die Mahlzeiten werden im gegenüberliegenden Hotel do Elevador eingenommen. Vom Speisesaal hat man einen herrlichen Blick über Braga. *49 Zi., Monte do Bom Jesus, Tel. 253 67 65 48, Fax 253 67 66 79, www.hoteisbomjesus.web.pt,* €€€

Residencial São Marcos
Sauber, etwas einfach, aber durchaus empfehlenswert. *13 Zi., Rua de*

São Marcos 80, Tel./Fax 253 27 71 77, €

AUSKUNFT

Turismo
Av. da Liberdade 1, Tel. 253 26 25 50, Fax 253 61 33 87

ZIELE IN DER UMGEBUNG

Barcelos **[114 B4]**
Wer von Braga donnerstags zum Insider Tipp Markt nach Barcelos fährt, sollte den kleinen Umweg von 4 km in Kauf nehmen und die vorromanisch-byzantinische Kirche *São Frutuoso* (7. Jh.) besuchen. In Barcelos sehenswert: die Barockkirche *Bom Jesus da Cruz,* das *Regionalmuseum,* der *Herzogspalast* und das alte *Judenviertel.* Auf dem Markt ersteht man für wenig Geld den berühmten Hahn oder Töpfer-, Korb-, Schnitz-, Lederwaren und Textilien. Im *Restaurante Dom António (Rua Dom António Barroso, Tel. 253 81 22 85, €€)* gute Küche, zu empfehlen: *bacalhau à Dom António, arroz de marisco.* Nach dem Marktrubel tut die Stille in der Igreja de Nossa Senhora auf dem Insider Tipp *Monte da Franqueira* 6 km südlich von Barcelos gut.

Bom Jesus do Monte **[114 C4]**
★ 7 km von Braga entfernt liegt die Wallfahrtskirche Bom Jesus do Monte, zu der eine barocke Treppe, als Kreuzweg gestaltet, hinaufführt. Oben genießt man einen herrlichen Blick und fährt dann über *Sameiro,* einen Wallfahrtsort in monumentalem Stil, etwa 10 km weiter in südöstlicher Richtung zur *Citânia de Briteiros,* einer keltiberischen Siedlung (etwa 800 v. Chr.).

Esposende und Ofir **[114 B4]**
Von Braga ist es nicht weit zur Küste nach Esposende, wo der Cávado in den Ozean mündet. Der feine Sandstrand zieht sich von Ofir am Südufer über Apúlia hinunter bis nach Póvoa de Varzim und Vila do Conde, wo er von Klippen und Felsen hier und da unterbrochen wird. Zwischen Pinienwald und Meer, direkt am Strand, liegt das große *Hotel Sopete Ofir (191 Zi., Av. Raul Sousa Martins, Tel. 253 98 98 00, Fax 253 98 18 71, www.hotel-ofir.com, €€).* Zwischen Apúlia und Ofir stehen direkt am Meer mehrere urige Fischrestaurants. Wir empfehlen wegen der ausgezeichneten Sardinen *A Cabana (Lugar Cedovem, Tel. 253 98 20 65, €).*

Es lohnt sich, nach einem ausgedehnten Spaziergang am feinsandigen Dünenstrand oder nach einem Bad im Atlantik Bluse oder Hemd überzustreifen und unmittelbar über dem Meer im Insider Tipp *Caférestaurant Ofir* bei einer Erfrischung das Spiel der Wellen zu beobachten. Wer es wilder mag, kann abends im *Pacha,* einer der größten Diskotheken Portugals, tanzen und sich vergnügen.

Guimarães **[114 C 5]**
★ In der »Wiege der Nation« (1111 wurde hier Afonso Henriques, der erste König Portugals, geboren) sollte man sich mindestens einen Tag aufhalten. Der Besuch der *Burg* (Bronzefigur des Königs von Soares dos Reis) und des *Palastes* der Herzöge von Bragança ist ein Muss. Ebenso zu empfehlen sind das *Museu de Alberto Sampaio* wegen der Gold- und Silberarbeiten und das *Museu Martins Sarmento,* das viele Funde aus der Citânia de Briteiros enthält. *Burg und Palast tgl. 9–17*

Funde aus der Citânia de Briteiros zeigt das Museu Martins Sarmento

Uhr, Eintritt 2 Euro; Museu de Alberto Sampaio Di–So 10–13 und 14–17 Uhr, Juli und Aug. bis 19 Uhr, Eintritt 1,30 Euro, So Eintritt frei, Museu Martins Sarmento Di–So 9.30–12 und 14–17 Uhr, Eintritt 1,50 Euro; Restaurant: *El Rei, Praça São Tiago 20, Tel. 253 41 90 96, €€;* Hotel: *Hotel Toural (31 Zi., Largo do Toural, Tel. 253 51 71 84, Fax 253 51 71 49, €€),* direkt an der alten Stadtmauer, neu eingerichtet.

Peneda-Gerês-Nationalpark [115 D3–4]

★ Ein Genuss ist eine Fahrt auf der N 103 von Braga in den Peneda-Gerês-Nationalpark. Bevor man hinauf zu den *barragens* (Stauseen) fährt, sollte man von der Insider Tipp Terrasse der Pousada de São Bento (an der N 304 bei Caniçada) den Anblick der überwältigenden Landschaft genießen.

Porto

[114 B6] ★ Wer Porto, das 2001 zusammen mit Rotterdam Kulturhauptstadt Europas war und dessen Altstadt von der Unesco zum Kulturerbe der Menschheit erklärt wurde, von seiner schönsten Seite sehen will, fährt auf der oberen Fahrbahn der Ponte de Dom Luís I. hinüber zu dem ehemaligen Kloster Nossa Senhora da Serra do Pilar in Vila Nova de Gaia. Von hier hat man einen herrlichen Blick auf die zweitgrößte Stadt des Landes (ca. 350 000 Ew.), die sich stolz auf einem Granitfelsen hoch über dem steilen Ufer erhebt. Fünf Brücken überspannen den Douro, darunter die von Gustave Eiffel erbaute alte Eisenbahnbrücke und die Ponte de Dom Luís I. mit ihren zwei übereinander liegenden Fahrbahnen. Am jenseitigen Ufer drängen sich die mit bunter Wäsche verdeckten Häuser ganz dicht an das Wasser heran. Wie Schwalbennester kleben die Häuser dahinter an dem Felsen, auf dessen Spitze sich die trutzige Kathedrale von Porto erhebt.

Sehenswertes

Sehr zu empfehlen ist der *Porto Tour Pass* (erhältlich in den *Turismo*-Büros). Er berechtigt zur freien Fahrt mit allen Buslinien der Stadt, zum freien Eintritt bei acht Baudenkmälern und Museen, zur Ermäßigung bei zehn weiteren und zum freien Einkauf in zwei Dutzend Geschäften. *Tagespass 4 Euro, 2-Tage-Pass 5,50 Euro*

Azulejos

In Porto gibt es viele azulejoverzierte Gebäude, zum Beispiel die *Bahnhofshalle Estação de São Bento*, die Außenfassade der *Capela das Almas*, die *Igreja do Carmo* und den Klostergang der *Sé* (Kathedrale). Moderne Kachelbilder findet man im *Túnel da Ribeira* (am Douroufer). Eine Broschüre mit einem ausgearbeiteten Azulejorundgang erhalten Sie kostenlos beim *Turismo*-Büro.

Insider Tipp

Casa do Vinho Verde

In diesem Palast (18. Jh.) erfährt man alles über den prickelnden Rebensaft. *Tgl. 11–20 Uhr, Eintritt frei, Rua da Restauração 318*

Cedofeita

Die älteste Kirche Portos. Einschiffig, schmucklos und aus grauem Granit, vermittelt sie noch etwas vom frommen Geist einer längst vergangenen Zeit. *Rua Alvares Cabral*

Foz do Douro

Hier direkt am Meer residierten ehemals die Reichen der Stadt. Lohnend ist ein Spaziergang an der Esplanade vom *Castelo do Queijo* zur Mündung des Douro. Nicht versäumen: einen Drink in einem der Cafés an der Mole *(Praia do Molhe)*.

Igreja da Misericórdia

An der Misericórdia-Kirche geht man wegen des bekannten Bildes »Fons Vitae« aus dem 16. Jh. nicht vorbei. *Rua das Flores*

Igreja de São Francisco

Nur von außen erkennt man den gotischen Stil (14. Jh.), betritt die Kirche aber durch ein barockes Portal und ist überwältigt von der verschwenderischen Pracht der *talha dourada* (des für den portugiesischen Barock typischen, mit Blattgold verzierten Holzschnitzwerks) an den beiden Schnitzaltären.

Ribeiraviertel

Insider Tipp

Enge Gassen, schmutzige Ecken und kleine Geschäfte: Armut und Reichtum, Glanz und Elend stoßen in Porto auf engstem Raum aufeinander. Auf der *Praça Infante Dom Henrique* steht die *Börse*, eine Sehenswürdigkeit der reichen Kaufmannsstadt Porto. Die *Praça da Ribeira* direkt am Fluss wird an Wochenenden ab 23 Uhr zum Treffpunkt der Jugend.

Rundgänge

Das *Turismo*-Büro hält kostenlos ausgearbeitete Vorschläge für thematische Stadtrundgänge bereit. Im Mittelpunkt stehen wahlweise Mittelalter, Barock und Neoklassizismus.

Sé (Kathedrale)

Die Kathedrale hat ihren ursprünglichen Charakter als Wehrkirche aus dem 12. Jh. fast völlig verloren. Umbauten, vor allem im 18. Jh., haben ein Gebilde geschaffen, das nicht so recht begeistern kann. Deshalb schaut man sich am besten gleich den viel gerühmten *Silberaltar* in der Sakramentskapelle im linken Kirchenschiff an, an dem die berühmtesten Gold- und Silberschmiede Portos 100 Jahre lang gearbeitet haben. Außerdem: gotischer *Kreuzgang* mit Kachelbildern zum Hohenlied und zu Ovids Metamorphosen und die außergewöhnliche Orgel im Chor vorne links.

Torre dos Clérigos
Der höchste Kirchturm Portugals ist ein Wahrzeichen Portos. Blick über Stadt, Fluss und Meer in der Nähe der *Praça da Liberdade.*

MUSEEN

Fundação de Serralves
Ein Muss: Museum für moderne Kunst in herrlicher Parkanlage. *Di bis Fr 14–20, Sa/So 10–20 Uhr, Nov. bis Feb. jeweils bis 18 Uhr, Eintritt 4 Euro, Rua D. João de Castro 210*

Museu do Carro Eléctrico
Die Geschichte der Straßenbahnen von Porto; alte Bahnen liebevoll restauriert. Unbedingt lohnend. *Di–Fr 14–20, Sa/So 10–20 Uhr, Eintritt 2 Euro, Rua Bazílio Teles 51, direkt am Douroufer*

Museu Nacional de Soares dos Reis
Vor- und frühgeschichtliche Funde, portugiesische Gemälde und Skulpturen im ältesten Museum Portugals. Unser Vorschlag: die Skulpturen von Soares dos Reis. *Di–So 10 bis 12.30 und 14–17.30 Uhr, Eintritt 2 Euro, Rua Dom Manuel II*

ESSEN & TRINKEN

Die Portuenser gelten als *tripeiros* (Innereienesser). Kaum ein Besucher Portos lässt sich die *tripas à moda do Porto* entgehen (Kutteln, Hühnerfleisch, Wurst, Speck, weiße Bohnen und Gewürze). Das beliebteste Restauranteck liegt im Ribeiraviertel direkt am Douro *(Cais da Ribeira).*

Churrascaria Central dos Clérigos
Ein richtig typisches Ecklokal mit azulejoverziertem Speisesaal. *Rua da Fábrica 69, Tel. 222 00 80 77, €*

Don Manoel
Edel, in stilvoller Villa in Foz do Douro mit Meeresblick. *Av. Montevideu 384, Tel. 226 17 23 04, €€€*

Im Ribeiraviertel am Douro finden Sie ein Restaurant neben dem anderen

O Escondidinho
Erstklassige Küche, rustikal-schickes Ambiente. Reservieren! *Rua de Passos Manuel 144, Tel. 222 00 10 79,* €€€

Majestic Café
Schönstes Kaffeehaus der Stadt. *Rua de Santa Catarina 112*

Portofino
In Foz do Douro, dezent vornehm und trotzdem noch typisch. *Rua do Padrão 103, Tel. 226 17 73 39,* €€

EINKAUFEN

Ideal zum Bummeln: *Rua de Santa Catarina* mit vielen Geschäften, Boutiquen, Cafés und dem neuen Shoppingzentrum *Via Catarina.* Markthallen: *Mercado do Bolhão (Innenstadt)* und *Mercado do Bom Sucesso (Rotunda da Boavista).* Schuhe und Lederwaren findet man vorwiegend in der *Rua de Cedofeita* und *Rua Santo António.* Gold- und Silberarbeiten konzentrieren sich in der *Rua das Flores.* Das größte Einkaufszentrum Nordportugals ist *Gaia Shopping* mit 170 Geschäften *(Vila Nova de Gaia, an der A 1).*

ÜBERNACHTEN

Hotel da Boa-Vista
Modernisiertes Haus in Foz do Douro mit Charme und Blick auf die Douromündung. Hallenbad. *39 Zi., Esplanada do Castelo 58, Tel. 226 18 00 83, Fax 226 17 38 18,* €€

Hotel Infante de Sagres
Das beste Hotel der Stadt, stilvoll und elegant. *74 Zi., Praça D. Filipa de Lencastre 62, Tel. 223 39 85 00, Fax 223 39 85 99, www.hotelinfantesagres.pt,* €€€

Pensão Rex
Einfach, aber in einem schönen alten Wohnhaus. *21 Zi., Praça da República 117, Tel. 222 07 45 90, Fax 222 07 45 93,* €

AM ABEND

O Mal Cozinhado (Rua do Outeirinho 11) bietet den besten Fado der Stadt. Minimumverzehr: 25 Euro. Bars und Diskotheken gibt es in der *Rua Passeio Alegre 553 und 1000: Trintaeum 31* (gediegene Bar, älteres Publikum), *River* (Hightechbar), *Macedo* (edles Restaurant und Bar) und *Twin's* (Party total auf drei Etagen). New Wave in der Nachtbar *Quando Quando (Av. do Brasil 60).* Angesagter Treffpunkt der Jugend: *Praça da Ribeira;* viele Cafés, Bars, Kneipen – aber nicht vor 23 Uhr!

AUSKUNFT

Turismo
Praça D. João I 43, Tel. 222 05 75 14, Fax 222 05 32 12, www.portoturismo.pt

ZIELE IN DER UMGEBUNG

Dourotal **[114 B–C6, 115 D–E6]**
★ Bevor man nach *Vila Nova de Gaia* zum Besuch einer Portweinkellerei fährt, unternimmt man am besten eine Fahrt ins Dourotal, um die Heimat des Weines kennen zu lernen. Man fährt mit der Eisenbahn oder mit dem Schiff nach *Peso da Régua.* Eine andere Möglich-

Insider Tipp

keit: mit der Bahn nach Tua bei der Mündung des Rio Tua in den Douro, dort umsteigen in die Schmalspurbahn nach Mirandela, zurück mit dem Bus.

Espinho [118 B1]
Wer die Großstadt leid ist und sich für ein paar Stunden erholen will, fährt nach Süden an die langen Sandstrände von Miramar (kleine, von Wellen umbrandete Kirche auf einem Felsen), Granja und Espinho. Wer in das sich immer moderner gebende *Espinho* fährt, sollte am Bahnhof in *Granja* anhalten und sich die Azulejos mit Bildern verschiedener portugiesischer Städte anschauen.

Viana do Castelo

[114 B3] ★ Über der Stadt erhebt sich der Monte Santa Luzia. Nicht wegen der neobyzantinischen Wallfahrtskirche fährt man hinauf (Auto oder Bergbahn), schon eher wegen der keltiberischen Citânia, vor allem aber wegen der Aussicht über die Stadt (ca. 16 500 Ew.): Sie blicken auf die 736 m lange, doppelstöckige Eisenbrücke, die Gustave Eiffel über den Lima gelegt hat, auf den Hafen, der den Reichtum der Stadt begründet hat, auf den neuen Yachthafen und auf die Dächer der granitenen Gemeinde mit ihren stolzen Bauten, den schönen *solares* (Herrenhäusern) aus der »goldenen Zeit«.

Sehenswertes

Igreja Nossa Senhora da Agonia
Die Barockkirche sollte vor allem besuchen, wer zwischen dem 17. und 20. August in Viana ist; dann findet hier die wegen ihres Volksfestcharakters beliebte und berühmte Romaria statt. *Rua de Monserrate*

Igreja São Domingos
Auf dem Weg zum Regionalmuseum im westlichen Teil der Stadt lohnt ein Blick in diese Kirche wegen der überladenen Barockaltäre mit der typischen *talha dourada* (vergoldete Holzschnitzereien).

Praça da República (Marktplatz)
Wegen seiner in sich geschlossenen Anlage ist dieser Platz einer der besonders sehenswerten in Portugal. In der Mitte steht der schöne, dreistöckige *Schalenbrunnen,* anno 1551 von João Lopes-o-Velho geschaffen. Obwohl von dem gotischen *Rathaus* nur die Fassade mit Portikus und drei Stumpfbögen übrig blieb, wurde der mit dem manuelinischen Wappen (Weltkugel und Karavelle) geschmückte Granitbau zum Wahrzeichen von Viana do Castelo. Links steht die *Casa da Misericórdia* (ehemaliges Spital), ein Renaissancebau aus dem 16. Jh. Eindrucksvoll sind die Karyatiden, weibliche Skulpturen, die das zweite und dritte Geschoss des Palastes tragen. Die *Misericórdia-Kirche,* 1559 von João Lopes-o-Moço erbaut, ist berühmt wegen ihrer lebendigen Azulejos im Inneren.

Ein paar Schritte weiter steht die Pfarrkirche *Matriz (Rua de Sacadura Cabral),* in gotischer Zeit erbaut (1400–40), aber mit den wuchtigen, zinnenbesetzten Türmen und der weiten Rosette über dem Portal noch ganz dem Geist der Romanik verpflichtet. Der manuelinische Bogen im Inneren und

Insider Tipp das Schiffsmodell in der *Capela dos Navegantes* (linkes Querschiff) machen den Besuch des Inneren zu einem Erlebnis. Neben der Kirche steht die *Casa de João Velho,* das Wohnhaus eines Kaufmanns aus dem 15. Jh., wegen der Arkadenbögen auch *Casa dos Arcos* genannt.

MUSEUM

Museu Municipal

Das Regionalmuseum ist vor allem wegen der von Policarpo de Oliveira (18. Jh.) bemalten Azulejos berühmt. Die Bilder stellen in allegorischer Form Europa, Amerika, Afrika und Asien dar. Das Museum enthält außerdem Keramiken, Skulpturen, Gemälde, Waffen und ausgesuchte Möbel aus aller Welt. *Di–So 9–12 und 14–16 Uhr, Eintritt 1,50 Euro, Largo São Domingos*

RESTAURANTS

Cozinha das Malheiras

Bestes Restaurant der Stadt. *Rua Gago Coutinho 19, Tel. 258 82 36 80,* €€

3 Potes

Rustikal. Jeden Freitag Fadomusik. *Beco dos Fornos 7–9, Tel. 258 82 99 28,* €€

ÜBERNACHTEN

Casa de Hóspedes Guerreiro

Einfache Zimmer, gutes Essen, sehr preiswert. *17 Zi., Rua Grande 14, Tel. 258 82 20 99,* €

Pousada do Monte Santa Luzia

Das Haus auf dem gleichnamigen Berg bietet solide Gastlichkeit und einen herrlichen Blick. *55 Zi., Tel. 258 82 88 89, Fax 258 82 88 92,* €€€

Hotel Viana Sol

Moderne, anspruchsvolle Ausstattung (Sauna, Schwimmbad, Squashplätze,Fitnessraum). *65 Zi., Largo Vasco da Gama, Tel. 258 82 89 95, Fax 258 82 34 01,* €€

AM ABEND

In den Diskotheken der großen Hotels, vor allem im *Viana Sol,* geht es hoch her. Jüngere Leute trifft man im *Nasoni,* in der *Indian Bar* und im *Glamour.* Empfehlenswert sind die typischen Folklorefeste, die gelegentlich auf privaten Quintas veranstaltet werden, zum Beispiel auf der *Quinta do Santoinho, Darque, Tel. 25 82 40 81.*

AUSKUNFT

Turismo

Rua do Hospital Velho, Tel. 258 82 26 20, Fax 258 82 78 73

ZIELE IN DER UMGEBUNG

Caminha, Monte Santa Tecla und Valença do Minho [114 B2]

★ Eine Fahrt von Viana an der Küste nach Norden bis Valença do Minho (50 km), wo der Fluss die Grenze zu Spanien markiert, ist ein Erlebnis. Die auffallend grüne Landschaft, intensiv bewirtschaftet, kontrastiert mit den grauen, granitenen Dörfern und dem schäumenden Weiß des Meeres. Bei *Âncora* überrascht den Besucher das *Großsteingrab* von Barrosa aus der Jungsteinzeit, in *Caminha* erfreut ihn die *Matriz,* wahrscheinlich die schönste Kirche aus dem 16. Jh. im Minho.

Mit der Personenfähre kann man von hier ins spanische Galicien hinüberfahren und die Keltensiedlung auf dem *Monte Santa Tecla* mit über 1000 Rundhäusern besichtigen; herrlicher Blick auf die Minhomündung.

In Valença do Minho lohnt ein Blick hinunter von den beeindruckenden Festungsanlagen zur Brücke und hinüber auf das spanische Tui und die Landschaft jenseits des Grenzflusses.

Peneda-Gerês-Nationalpark **[114 C2–3], [115 D2–3]**

★ Landschaftlich schön ist eine Fahrt nach Osten über *Ponte de Lima* **[114 B3]** mit der sehenswerten Brücke und den rustikalen und doch ehrwürdigen Herrenhäusern und *Ponte da Barca* **[114 C3]** mit der kleinen romanischen Kapelle und der hübschen Badepromenade am Fluss in den Nationalpark mit den Flüssen Lima, Homem und Cávado, deren Wasser hier in großen Seen zur Stromerzeugung gestaut werden. Die wilde Berglandschaft mit ihren Wasserfällen, üppiger Vegetation und reichem Tierbestand begeistert den Naturliebhaber.

Beim Besuch des Nationalparks sollte man in *Lindoso* (an der spanischen Grenze) entweder zur Besichtigung der *casas do Lindoso* Insider Tipp halten oder, noch besser, sich für ein paar Tage in einem der Häuser einquartieren und auf diese Weise das ländliche Portugal entdecken, wie es einmal gewesen ist. Auskunft: *Associação do Turismo de Aldeia, Praça da República, Ponte de Lima, Tel. 258 74 14 17, Fax 258 74 14 18; www.aldeias-de-portugal.com*

Quinta da Malafaia **[114 B4]** Insider Tipp

Bis zu 2500 Personen können auf diesem Landgut in *Antas* gut 15 km südlich von Mai bis September jeden Samstag von 19 bis 1 Uhr Sitten und Brauchtum sowie Essen und Trinken des Minho erleben und genießen. Folklore und Szenen aus der Landwirtschaft werden gezeigt, und es darf getanzt werden. *14–18 Euro, Vorbestellung Tel. 253 20 37 40, Fax 253 20 37 49, www.quintadamalafaia.pt*

Stauseen, Berglandschaft und üppiges Grün: Nationalpark Peneda Gerês

Hinter den Bergen, im Lande des Portweins

Die Bauern in Trás-os-Montes und Beira Alta trotzen dem kargen Boden vielfältige Früchte ab

Die kahle Gebirgslandschaft nördlich des Douro, das Anbaugebiet des Portweins also, steht klimatisch nicht so sehr wie das übrige Portugal unter dem Einfluss des Ozeans, sondern hat eher kontinentales Klima: lange, heiße Sommer und kurze, kalte Winter. Auch südlich des »Goldflusses« (*ouro,* portugiesisch Gold) bis hin zur Serra da Estrela bleibt die Landschaft noch karg und steinig. Trotzdem sind überall dort, wo Felsmassive es nicht gerade verhindern, Weinberge und Gärten angelegt, und Olivenbäume scheinen selbst auf Steinen zu wachsen.

Dort, wo die Vouga, der Mondego und der Dão (bekannt durch die schweren Dãoweine) nach Westen fließen, beginnen die ausgedehnten Wälder mit Eichen, Kastanien und Pinien. Hier, in dem wasserreichsten Gebiet Portugals, ist der Kampf um den Eukalyptusbaum, das »grüne Erdöl Portugals«, entbrannt. Einflussreiche Papierproduzenten haben ganze Eichenwälder abgeholzt und das Land mit schnell wachsenden Eukalyptusbäumen aufgeforstet. Umweltschützer sorgen sich nun um Böden, Grundwasserspiegel und um die Tierwelt.

Welche Fortschritte andererseits Portugal nach dem Eintritt in die EU auf wirtschaftlichem Gebiet gemacht hat, zeigen die vielen Neubauten und die Schnellstraße, die sich quer durch die Berge von Aveiro zur spanischen Grenze bei Vilar Formoso zieht. Seit 1994 wird auch das »Programm zur Erneuerung der historischen Dörfer« von der EU unterstützt. Es erklärt die schönsten Dörfer im Umfeld der Serra da Estrela zum nationalen Kulturgut und will sie auch für die Jugend wieder lebenswert machen.

Die mittelalterliche Burg von Bragança mit ihrer wuchtigen Torre de Menagem erhebt sich schützend über der Stadt

BRAGANÇA

[116 C3] Die Straße von Chaves am Parque Natural de Montezinho entlang nach Bragança ist kurvig. Für die knapp 100 km braucht man leicht drei Stunden. Für Naturliebhaber jedoch lohnt sich die Strecke durch den Nationalpark nach Bragança (ca. 20 000 Ew.), dem Stammsitz des gleichnamigen Königshauses.

SEHENSWERTES

Altstadt

Über der Stadt thront die mittelalterliche Burg mit ihren praktisch uneinnehmbaren Mauern um die wuchtige *Torre de Menagem.* Sehenswert sind auch der hohe Schandpfahl *(pelourinho)* und die *Domus Municipalis*, ein Beispiel römischer Zivilarchitektur. Mitten in der Stadt finden Sie die *Kathedrale* mit einem Kreuzgang aus Ziegelsteinen.

ESSEN & TRINKEN

Restaurante Marisqueira

Ein einfaches, preiswertes Lokal. Die Spezialität des Hauses sind – trotz des maritimen Namens – Fleischkuchen. *Av. do Sabor, Tel. 27 32 24 94, €*

ÜBERNACHTEN

Hotel Bragança

Komfortables Mittelklassehotel mit aufmerksamem Service. *42 Zi., Av. Dr. Francisco Sá Carneiro, Tel. 273 33 15 78, Fax 273 33 12 42, €€*

AUSKUNFT

Turismo

Av. do 25 de Abril, Tel. 273 33 10 78, Fax 273 33 19 13, www.bragancanet.pt/turismo

ZIELE IN DER UMGEBUNG

Chaves **[115 F3]**

Der Kurort wirkt von weitem eher nüchtern und durch die modernen Hochhäuser ziemlich verbaut, dennoch sollte man einen Bummel durch die Altstadt, den Burgpark und entlang den Thermen nicht versäumen. Lohnend ist der Aufstieg zur wuchtigen *Burg* aus dem 14. Jh., herrlicher Blick über Stadt und Umland.

Am *Largo das Caldas* finden Sie viele Restaurants; das *Carvalho (Tel. 276 32 17 27, €–€€)* ist als bestes Restaurant Nordportugals ausgezeichnet worden. Herrschaftlich wohnt man im Hotel *Forte de São Francisco (58 Zi., Forte de São Francisco, Tel. 276 33 37 00, Fax 276 33 37 01, www.forte-s-francisco-hoteis.pt, €€€)*, das modernen Komfort mit lebendiger Vergangenheit harmonisch verbindet. Mit Bedacht und Geschmack hat man die Festung aus dem 17. Jh. restauriert und für die Gäste ein stilvolles Ambiente geschaffen.

Vila Real **[115 E5]**

Wie viele Städte Nordportugals wirkt auch Vila Real (14 000 Ew.) wegen der zersiedelten Vororte und der lieblos gebauten Hochhäuser wenig einladend. Doch im Zentrum hat der Ort seinen alten Charme erhalten. Einige Bürgerhäuser aus dem 16. und 18. Jh. erinnern an herrschaftliche Zeiten. Vila Real ist wegen der schwarzen Töpferwaren berühmt geworden. Wer sehen will, wo der Mateus Rosé herkommt, der lässt sich 4 km östlich auf dem *Weingut der Familie Mateus* den barocken Herrensitz zeigen. Schön ist die Fahrt von Vila Real

MARCO POLO Highlights »Montanhas«

★ **Weinstädtchen Lamego**
Durch die landschaftlich reizvolle Heimat des Portweins in die alte Bischofsstadt (Seite 45)

★ **Serra da Estrela**
Insider Tipp
Rundfahrt durch das wildromantische »Sterngebirge« (Seite 44)

★ **Kunst in Viseu**
Ein Besuch des Museu de Grão Vasco mit den Gemälden des Fernandes Vasco (Seite 45)

★ **Castelo Branco**
Stickschule im Museu de Francisco Tavares Proença Júnior (Seite 41)

durch die wildromantische Serra do Marão ins 40 km westlich gelegene *Amarante* mit der alten Tâmegabrücke.

CASTELO BRANCO

[124 B1] Wenn auch von der alten Templerburg aus dem 13. Jh., von der die Stadt ihren Namen (»weiße Burg«) ableitet, nicht mehr allzu viel erhalten ist, so bietet sie doch einen weiten Blick über die Stadt und die sie umgebenden Olivenhaine. Die grenznahe Stadt (ca. 45 000 Ew.) musste sich in unruhigen Zeiten durch mächtige Schutzmauern gegen Feinde zur Wehr setzen. Heute wird in Castelo Branco das beste Olivenöl von ganz Portugal gepresst.

SEHENSWERTES

Jardim Episcopal

Es ist nicht übertrieben, wenn Kenner des Landes die barocke Gartenanlage zu der schönsten Portugals erklären. Nicht nur die kunstvoll geschnittenen Bäume und Sträucher, die verspielt angelegten Beete und Teiche haben den Ruhm des Gartens begründet, sondern auch und besonders die vielen Statuen, die die terrassenartige Gartenlandschaft zieren. Krönung der kunstvollen Gestaltung ist der Treppenaufgang (Insider Tipp) mit den portugiesischen Königen. Man mag über das eine oder andere Attribut streiten, das die einzelnen Könige charakterisieren soll, einig sind sich alle Portugiesen darüber, dass die spanischen Könige zu Recht kleiner dargestellt worden sind als ihre portugiesischen Vorgänger und Nachfolger. *Tgl. außer feiertags 9 Uhr–Sonnenuntergang, Eintritt 30 Cent, Rua Frei Bartolomeu da Costa*

MUSEUM

Museu de Francisco Tavares Proença Júnior

★ Das Museum enthält in den unteren Räumen Funde aus der Vor- und Frühgeschichte der Umgebung. Im Obergeschoss werden Landwirtschafts- und Haushaltsgeräte gezeigt. Sehenswert ist die Gemäldesammlung mit portugiesi-

Portugiesische und spanische Könige säumen den Treppenaufgang in Portugals schönster Gartenanlage, dem Jardim Episcopal in Castelo Branco

schen Bildern aus dem 16. bis 20. Jh. Wir empfehlen allerdings die schöne und für Castelo Branco typische Colchastickerei (kunstvoll gearbeitete Decken für Bett oder Tisch, die sich aber wegen ihrer Kostbarkeit eher als Wandteppiche empfehlen). Nur das Museum pflegt die Tradition dieser Stickerei. Auf naturfarbenem Leinen werden vorwiegend florale Motive, aber auch Tier- und Menschendarstellungen flächendeckend verarbeitet. *Tgl. 10–12 und 14.30–17 Uhr, Eintritt 2 Euro, Rua Frei Bartolomeu da Costa*

ESSEN & TRINKEN

Es empfiehlt sich, der traditionellen Küche der Region den Vorzug zu geben, vor allem den Gerichten mit Lammfleisch. Natürlich muss man den berühmten Käse von Alcains und den aus der Serra probieren, der sogar zu den süßen Weinen Hermínios und Cavacas ausgezeichnet schmeckt.

Arcadia
Gutes Restaurant, das wegen seiner Auswahl an regionalen Spezialitäten auch von den Einheimischen sehr geschätzt wird. *Rua Sidónio Pais, Tel. 27 22 19 33, €*

Praça Velha
Das beste Lokal der Stadt. *Praça Luís de Camões, Tel. 272 32 86 40, €€*

ÜBERNACHTEN

Pensão Arraiana
Die gut geführte Pension verfügt über 31 Zimmer mit Bad. *Av. 1° de Maio 18, Tel. 272 34 16 34, Fax 272 33 18 84, €*

Meliá Confort Colina do Castelo
Das Hotel mit Schwimmbad und Tennisplätzen ist vielleicht das schönste Haus am Ort. *103 Zi., Rua da Piscina, Tel. 272 32 98 56, Fax 272 32 97 59, www.solmelia.com,* €€

AM ABEND

Abends besucht man eine der vielen Bars, z. B. *O Património,* oder geht tanzen in die Diskothek *A Alternativa* oder *República (8 km außerhalb an der N 112 Richtung Salgueiro).*

AUSKUNFT

Turismo
Alameda da Liberdade, Tel. 272 33 03 39, Fax 272 33 03 33

ZIELE IN DER UMGEBUNG

Barragem da Idanha [120 A6]
Rund 50 km nordöstlich von Castelo Branco wird in der Barragem da Idanha das Wasser des Rio Ponsul gestaut. Der Freizeitwert dieses Stausees ist besonders hoch, weil man hier weit weg vom Touristenrummel die Natur fast allein genießen kann.

Idanha-a-Velha [120 B6]
Etwa 15 km vom Idanhastausee liegt Idanha-a-Velha, heute ein verlassenes Nest, einstmals jedoch die große römische Siedlung Civitas Egaetidanis und in frühchristlicher Zeit die Bischofsstadt Egitania. Die *Kirche* des Dorfes, die auf den Fundamenten eines römischen Tempels erbaut wurde, enthält eine Sammlung von Funden aus der Römer- und Westgotenzeit. Den Schlüssel für die Kirche muss man sich beim Küster abholen.

Monsanto [120 B6]
Vom Burgberg mit den Mauerresten und Ruinen der Festungsanlage und einer Burgkirche hat man einen schönen Blick über das weite Land und das Dorf zu Füßen. Eng lehnen sich die grauen Granithäuschen an die Felsen, manchmal sind sie sogar regelrecht in das Gestein hineingehauen.

Beim Gang durch das Dorf über holpriges Pflaster beeindruckt es den Besucher, dass der Mensch sogar in dieser Steinwüste den Sinn für die Schönheit nicht verloren hat. Einfache, manuelinische Formen schmücken die Tür- und Fensterrahmen, leuchtende Blumen auf Fensterbänken und in Vorgärten machen das abgelegene Dorf zu einem wirklich idyllischen Fleckchen Erde.

GUARDA

[120 A3] Alles scheint in der auf gut 1000 m und damit höchstgelegenen Stadt Portugals (ca. 25 000 Ew.) auf Abwehr und Schutz eingestellt zu sein: die ehemaligen Festungsanlagen und sogar die Sé (Kathedrale). Von der *Torre de Menagem* blickt man über die ganze Stadt. Erst wenn man die *Misericórdia-Kirche* mit ihrer überreichen Barockausstattung betritt oder über den Markt (erster und dritter Mittwoch im Monat) schlendert, spürt man, dass auch inmitten von kahlen Felsen und kalten Festungen der Sinn für das Schöne und für das Leben stets lebendig geblieben ist.

SEHENSWERTES

Sé (Kathedrale)
Stilgemisch aus Gotik, Renaissance und Barock. Das wehrhafte Äußere steht in einem interessanten Kontrast zum manuelinischen Inneren. Der Dachstuhl kann bestiegen werden.

ESSEN & TRINKEN

In der *Rua Francisco de Passar* finden Sie mehrere Restaurants. Besonders empfehlenswert ist *O Reduto (€)*.

Restaurante O Telheiro
Spezialitätenrestaurant. Probieren Sie hier unbedingt den lokalen Gebirgskäse *queijo da serra. Estrada Nacional 16, Tel. 271 21 13 56,* €€

ÜBERNACHTEN

Pensão Pinto
Einfach eingerichtet, ein paar Kilometer nordöstlich in Pombeira-Arrifana. *17 Zi., Tel. 271 23 92 20, Fax 271 23 95 18,* €

Solar de Alarcão
Das Herrenhaus mit nur drei Zimmern liegt mitten im historischen Stadtteil. *Rua D. Miguel de Alarcão 25, Tel. 271 21 43 92, Fax 271 21 12 75,* €€

Hotel Turismo da Guarda
Das Mittelklassehotel ist elegant eingerichtet und verfügt über Nightclub, Swimmingpool und Parkanlage. *106 Zi., Av. Coronel Orlindo de Carvalho, Tel. 271 22 33 66, Fax 271 22 33 99,* €€–€€€

AUSKUNFT

Turismo
Largo do Município, Tel. 271 20 55 30, Fax 271 22 02 80

ZIELE IN DER UMGEBUNG

Serra da Estrela [119 F4, 120 A4] Insider Tipp
★ Eine Bergtour durch die kleinen Orte Belmonte und Manteigas in den Nationalpark Serra da Estrela bietet alles, was der Naturfreund sich wünschen kann: bizarre Felsgebilde, tiefe Schluchten, wilde Bäche, schattige Wälder, weite Aussichten und erfrischende Bergluft.

Vila Nova de Foz Côa [120 A1]
Nördlich von Guarda nicht weit von der spanischen Grenze finden Sie einen *archäologischen Freiluftpark* mit Höhlenmalereien entlang des Flusses.

VISEU

[119 E3] Die alte Provinzstadt ist einen Besuch wert, denn Viseu (22 500 Ew.) hat sich seinen ländlichen Charme bewahrt: Wunderschön kann man hier über alte Plätze und durch enge Gassen, z. B. die Einkaufsstraße Direita, flanieren. Außerdem hat hier der bedeutende portugiesische Maler Vasco Fernandes, genannt Grão Vasco, im späten Mittelalter die legendäre Malerschule von Viseu gegründet.

SEHENSWERTES

Sé (Kathedrale)
Das Gotteshaus aus dem 13. Jh. wurde immer wieder umgebaut.

Dies ist deutlich sichtbar an den unterschiedlichen Türmen (13. und 17. Jh.). Besonders sehenswert ist der zweistöckige Kreuzgang. *Praça da Sé*

MUSEUM

Museu Grão Vasco

★ Das Museum – benannt nach dem berühmtesten Sohn der Stadt (1480–1543) – ist im ehemaligen Bischofspalais untergebracht; achten Sie auf den leidenschaftlichen Naturalismus und die eigenartige Farbgebung Grão Vascos. *Di–So 9.30–12.30 und 14–17.30 Uhr, Eintritt 1,50 Euro, Praça da Sé*

ESSEN & TRINKEN

Cortiço

Gute Küche, schöne Atmosphäre. *Rua do Hilário, Tel. 232 42 38 53,* €€

ÜBERNACHTEN

Meliá Confort Grão Vasco

Das beste Haus der Stadt. *111 Zi., Rua Gaspar Barreiros, Tel. 232 42 35 11, Fax 232 42 64 44, meliagraovasco@mail.telepac.pt,* €€–€€€

Hotel Príncipe Perfeito

Ehemaliger Herrensitz in Cabanões, ca. 4 km südlich der Stadt. *43 Zi., Tel. 232 46 92 00, Fax 232 46 92 10,* €€

AM ABEND

Viseu hat viele Bars. Die Jugend trifft sich im *Metrópolis;* ruhiger geht es im *Chaplin* zu. Beliebtes Fadolokal: *Retiro do Hilário.*

AUSKUNFT

Turismo

Av. Carlos Gulbenkian, Tel. 232 42 09 50, Fax 232 42 09 57, www.rt-dao-lafoes.com

ZIELE IN DER UMGEBUNG

Lamego [115 E6]

★ Im Herzen des Portweingebiets an den Ufern des Douro liegt die alte Bischofsstadt Lamego mit schöner *Kathedrale*, interessantem *Regionalmuseum* und der westgotischen Hallenkirche *São Pedro de Balsemão* aus dem 7. Jh. (3 km außerhalb). Besonders sehenswert ist die Wallfahrtskirche *Nossa Senhora dos Remédios* (Kreuzweg mit 14 Stationen; fast 200 Stufen).

Landschaftlich sehr reizvoll ist die kurvenreiche Strecke von Lamego nach Norden durch das Anbaugebiet des Portweins nach Régua und Vila Real.

Régua [115 E6]

Régua, offiziell Peso da Régua, liegt mitten im Anbaugebiet des Portweins. Im *Turismo (Rua da Ferreirinha, Tel. 254 31 28 46, fax 254 32 22 71)* sind Karten erhältlich mit allen 54 *quintas* (Weingütern) der Gegend, die Portwein herstellen und besichtigt werden können. Übernachten können Sie in Peso da Régua selbst im feudalen Herrensitz *Casa das Torres de Oliveira (6 Zi., Tel. 254 33 67 43, Fax 254 33 61 95,* €€€*)* oder im 25 km westlich gelegenen Pinhão: Inmitten von Weinbergen mit Blick auf den Douro wohnt man hier im *Hotel Vintage House (40 Zi., Tel. 254 73 02 30, Fax 254 73 02 38,* €€€*).*

PENS
RESIDENCIAL
UNIÃO
SINGER
CAFE
SNACK BAR

Burgen, Klöster, römische Ruinen

An der Straße zwischen Porto und Lissabon sind die Zeugnisse der Vergangenheit aneinander gereiht wie Perlen auf einer Schnur

Die Beira Litoral, wie die Küstenprovinz zwischen Douro und dem weiten Umland Lissabons einmal hieß, ist eine Region voller Gegensätze: Die langen, weißen Sandstrände waren früher von grünen Pinienwäldern eingesäumt; in den letzten Jahren wurden immer mehr Eukalyptusplantagen angelegt. Der Fluss Vouga hat bei Aveiro durch Ablagerungen eine 6000 ha große Lagune (Ria de Aveiro) geschaffen. Hier liegen die mit grellen Farben bemalten Boote der Fischer. Weiße Salzberge türmen sich vor den Salinenbetrieben auf, und in großen Zuchtstationen kann man Austern kosten. Im Hinterland werden auf fruchtbaren Böden Reis, Mais, Weizen und Gemüse angebaut. Doch die Erträge reichen oft für den Lebensunterhalt nicht aus, und so suchen viele Kleinbauern in den Industriebetrieben, die sich an der Hauptstraße zwischen Porto und Lissabon angesiedelt haben, einen Nebenerwerb. In unmittelbarer Nähe dieser Hauptverkehrsader kann Portugals Geschichte studiert werden: in Conimbriga die Römerzeit, in der Universitätsstadt Coimbra die Bildungsgeschichte, in Batalha der Stolz und das Geschichtsbewusstsein der Portugiesen, in Alcobaça das Klosterwesen, in Tomar die Tradition der Christusritter und in Fátima die (vermarktete) Frömmigkeit.

Fünf Jahrhunderte lang wurde an der Christusritterburg von Tomar – heute Unesco-Weltkulturerbe – gebaut

AVEIRO

[118 B3] Der Rio Vouga hat mit seinen Ablagerungen einen Wall gegen das Meer hin geschaffen, hinter dem sich die etwa 40 km lange und 10 km breite Ria de Aveiro erstreckt. Aveiro selbst (ca. 30 000 Ew.) liegt am südlichen Ende der Lagune, und nur durch einen schmalen Durchlass können die Schiffe vom Hafen aus ins offene Meer fahren. Die Stadt, mit ihren Wasserstraßen das portugiesische Venedig, lebt von der Fischerei und der Salzgewinnung. Ein neuer Hafen wird zurzeit großzügig ausgebaut, weil man als Mitglied der EU von einem Welthafen Aveiro träumt, der auch spanische Güter, auf dem Landweg nach Portugal gebracht, in alle Welt verschicken könnte. Doch bis dahin mischt sich noch viel Fluss- und Meerwasser in der Ria, auf der wie eh und je die *moliceiros* in den langen, schmalen Booten mit den eigenartig geschwungenen, bunten Bugen den Tang einholen, um den in dieser Gegend ohnehin fruchtbaren Boden zu düngen.

SEHENSWERTES

Altstadt
Ausgangspunkt eines Spaziergangs durch die Altstadt ist die *Praça da República* mit *Rathaus* und *Misericórdia-Kirche* (schönes Renaissanceportal, 16. Jh.). Weiter geht es zur *Sé* (Kathedrale) aus dem 15. Jh. mit barocker Fassade (1719). Vor der Kirche steht ein besonders schönes Wegekreuz, der *Cruzeiro de São Domingos.*

MUSEUM

Museu Regional
Hier im ehemaligen Jesus-Kloster lebte die Königstochter Joana als einfache Nonne, bis sie 38-jährig 1490 starb. Selig gesprochen, wird sie als Heilige verehrt. Neben ihrem Grabmal sind sehenswert: Gemäldegalerie, Kirchenkunst, auch Boote und Geräte der *moliceiros* (Tangfischer). In der Klosterkirche gibt es überschwängliche *Talha-* und *Azulejo*-Arbeiten zu sehen. *Di–So 10 bis 12.30 und 14–17 Uhr, Eintritt 1,70 Euro, Rua de S. Joana*

ESSEN & TRINKEN

Meer und Ria bestimmen, was in Aveiro auf den Tisch kommt: Muscheln am Spieß, Schaltiere, Fischsuppe mit Aal, marinierter Aal, aber auch Lamm im Schmortopf, gebratenes Spanferkel, kandierte Eier *(ovos moles).* Das Nonplusultra ist aber eine *caldeirada*, ein Fischeintopf. Wer die Abwechslung liebt, tauscht hier den *vinho verde* gegen einen kräftigen Dãowein ein.

Restaurant Imperial
Gutes Restaurant im gleichnamigen Hotel, auch mit lokaler Küche.

Figueira da Foz ist einer der mondänsten Badeorte an der Costa de Prata

MARCO POLO Highlights »Costa de Prata«

★ **Conimbriga**
Die römische Ruinenstadt mit farbenprächtigen Mosaiken ist besonders gut erhalten (Seite 51)

★ **Batalha und Alcobaça**
Die beiden eindrucksvollen Klosteranlagen sind Sakralbauten der Superlative (Seite 52 und 53)

★ **Tomar**
Die Christusritterburg glänzt mit wunderbaren Kreuzgängen und einem manuelinischen Fenster (Seite 54)

★ **Fátima**
Lichterprozessionen und der größte Kirchplatz der Welt (Seite 55)

Rua Dr. Nascimento Leitão, Tel. 234 42 21 41, €€

ÜBERNACHTEN

Residencial Alboi
Gutes Haus im Zentrum. *22 Zi., Rua da Arrochela 6, Tel. 234 38 03 90, Fax 234 38 03 91,* €–€€

Hotel As Américas
Viersternehotel im Zentrum. *70 Zi., Rua Engenheiro Von Hafe 20, Tel. 234 38 46 40, Fax 234 38 42 58,* €€

AUSKUNFT

Turismo
Rua João Mendonça 8, Tel. 234 42 36 80, Fax 234 42 83 26, aveiro.rotadaluz@inovanet.pt

ZIELE IN DER UMGEBUNG

Arouca **[119 D2]**
Lohnend ist eine Tagesfahrt ins Landesinnere nach Nordosten hin. Von Aveiro über Ovar und São João da Madeira erreicht man auf Nebenstraßen Arouca. Der Ausflug lohnt wegen des romanischen *Klosters* mit barocker Innenausstattung und des *Museums* mit wertvollen Gemälden portugiesischer Künstler. Von hier geht es weiter zum *Wasserfall* von Misarela und zum *Monte da Senhora da Mó.*

Ria **[118 B2–3]**
Eine Bootsfahrt auf der Ria, vorbei an Salzbergen und Trockenanlagen für den *bacalhau,* ist ein Muss. Preisbeispiel: Spazierfahrt von Aveiro nach Torreira und zurück ab 10 Euro

Wald von Buçaco **[118 C4]**
Mit dem Wagen fährt man über Ílhavo **[118 B3]** nach *Vista Alegre* (8 km), wo man im *Porzellanmuseum* auch einkaufen kann. Wer Kinder hat oder selbst dem Wassersport zugetan ist, sollte zum flachen Strand nach *Barra* und *Costa Nova* **[118 B3]** einen Abstecher machen. Wer will, macht noch einen weiteren Abstecher nach *Figueira da Foz* **[118 B5]**, dem mondänen

Badeort an der Mündung des Mondego (Kasino, Galaabende, Azulejomuseum).

Über den Thermalkurort *Curia* geht es dann in den Wald von Buçaco bei *Luso.* In diesem großen Wald können mehr als 700 verschiedene Pflanzenarten studiert werden. Im Sommerpalast, von König Carlos 1887 erbaut, residiert heute ein Luxushotel. Wer nicht übernachten will, sollte sich wenigstens das ehemalige *Schloss* im manuelinischen Stil ansehen und sich im großen Speisesaal ein Mittagessen munden lassen.

COIMBRA

[118 C5] In Braga betet, in Porto arbeitet, in Lissabon lebt und in Coimbra (ca. 100 000 Ew.) studiert man, so heißt es in Portugal. Vom Universitätsplatz vor der berühmten Bibliothek mit mehr als 120 000 Bänden schöner Blick ins Mondegotal und auf das Kloster Santa Clara. Die studentischen Bräuche, das Tragen der Bänder und der *capa preta* (schwarzer Mantelumhang), die *queima das fitas* (Verbrennen der Bänder zum Studienabschluss im Mai) und der Fado werden in den studentischen Wohngemeinschaften *(repúblicas)* als Verpflichtung der geistigen Elite empfunden.

SEHENSWERTES

Kirchen

Die *Sé Velha* ist die größte romanische Kathedrale Portugals, ein dreischiffiges Gotteshaus mit spätgotischem Altar. In der *Igreja Santa Cruz* (unbedingt lohnend wegen der schönen Azulejos) liegt der erste König Portugals, Alfonso Henrique, begraben. Die Igreja *Santa-Clara-a-Velha*, die im Laufe der letzten Jahrhunderte langsam in den Schlammmassen des Flusses versank, wird gerade freigelegt.

Quinta das Lágrimas

In diesem »Garten der Tränen« fand Portugals leidenschaftlichste Liebesgeschichte ihr tragisches Ende: Hier, im schönen Park des Herrensitzes (heute ein Hotel), wurde Inês, die Geliebte des Kronprinzen Pedro, ermordet. Nach dem Spaziergang durch den Park tut ein Drink am offenen Kamin des feudalen Hotels gut. *Am südwestlichen Ortsausgang bei der N 1*

Universitätsbibliothek

Nach dem Vorbild der Wiener Hofbibliothek befinden sich im grünen Saal theologisch-philosophische, im roten wissenschaftliche und im schwarzen antike Werke. Was in Portugal vom Mittelalter bis in die Neuzeit hinein denkend erarbeitet worden ist, wird in diesen prachtvollen Räumen aufbewahrt. Bevor Sie die Universität am Uhrturm vorbei durch die *Porta Ferrea* verlassen, sollten Sie einen Blick in die Universitätskirche mit dem manuelinischen Portal und den schönen Azulejos im Inneren werfen. *Di–So 10–12 und 14–17 Uhr, Eintritt 1,50 Euro nur Bibliothek, 3 Euro Kirche, Museum und Bibliothek*

MUSEUM

Museu Machado de Castro

Ehrwürdiges Gebäude (Portal, Galerien, Innenhof mit Brunnen). Im Untergeschoss vor allem romanische, gotische und manuelinische

Skulpturen, im Obergeschoss (herrlicher Blick) Gold- und Silberschmiedearbeiten. Besonders schön: die Arbeiten im Rainha-Santa-Zimmer. *Di–So 9.30–17 Uhr, Eintritt 1,50 Euro, Largo Dr. José Rodrigues*

ESSEN & TRINKEN

Spezialitäten der Stadt sind Reis mit Neunauge *à moda do Vale do Mondego* und *chanfana* (in Wein gebratenes Zicklein) sowie zum Nachtisch die Pasteten von Santa Clara.

Insider Tipp

Café Santa Cruz
Das schönste Kaffeehaus befindet sich im Klostergewölbe der gleichnamigen Kirche.

Trovador
Feines Lokal, am Wochenende Fado. *Largo da Sé Velha 15, Tel. 239 82 54 75,* €€–€€€

Zé Manel dos Ossos
Typisches Restaurant. *Beco do Forno, Tel. 239 82 37 90,* €

EINKAUFEN

Lohnend ist ein Bummel durch die kleinen Einkaufsgassen rund um die Praça do Comércio.

ÜBERNACHTEN

Hotel D. Luís
Gegenüber von Coimbra mit herrlichem Blick auf die Stadt. *104 Zi., Quinta da Varzea, Tel. 239 80 21 20, Fax 239 44 51 96,* €€

Insider Tipp

Quinta das Lágrimas
Stilvollstes Herrenhaus Portugals. Hier residierten Könige und Feldherren; ein Refugium zum Wandeln auf den Spuren von Pedro und Inês, dem berühmtesten Liebespaar Portugals. *39 Zi., am südwestlichen Ortsausgang bei der N 1 Richtung Leiria, Tel. 239 80 23 80, Fax 239 44 16 95, www.supernet.pt/hotelagrimas,* €€€

AM ABEND

Insider Tipp

Die Abende in Coimbra sollte man dem Fado widmen: und zwar am besten in der *Diligência Bar (Rua Nova 30)*. Junge Leute gehen gerne in die Diskothek *Scotch* und in die Bars *Via Latina* oder *Galeria Almedina*. Rund um die Kathedrale finden sich Kneipen und Pianobars.

AUSKUNFT

Turismo
Largo da Portagem, Tel. 239 85 59 30, Fax 239 82 55 76

ZIEL IN DER UMGEBUNG

Conimbriga **[118 C6]**
★ Gut erhaltene römische Ruinenstadt. Ursprünglich von den Kelten gegründet, wurde sie für die Römer zu einem wichtigen Stützpunkt zwischen Lissabon und Porto. Bei der Besichtigung gewinnt man einen Eindruck von der Größe, dem Reichtum und der Schönheit dieser Stadt. Auch ein Blick ins Museum ist lohnend. *Di–So 10–18 Uhr, Eintritt 2 Euro*

NAZARÉ

[122 B–C2] Auf der kleinen Strandmauer sitzen braun gebrannte Männer und flicken ihre Netze. Ein paar

Alte beobachten das rege Treiben der Touristen. Ihre Haut ist ledern, sie tragen Wollmützen oder Kapitänskappen, Fischerhemden und Seemannsjacken. Es ist nicht zu übersehen: Nazaré lebt vom Fischfang. Wenn auch heute die Boote nicht mehr auf die traditionelle Weise mit Ochsenkarren aus dem Wasser gezogen werden – seit ein paar Jahren gibt es in Nazaré (ca. 16 000 Ew.) ein modernes Hafenbecken –, Insider Tipp so hat das Städtchen noch immer den Charme eines Fischerortes; über den engen, weißen Gässchen hängt bunte Wäsche, und viele Fischerfrauen tragen noch heute die kurzen, für Nazaré typischen Stehröcke. Der Ort hat überdies einen der schönsten Strände Portugals.

SEHENSWERTES

São Miguel

Leuchtturm und Festung auf der Klippe. Ein lohnender Spaziergang zur Felsspitze!

Sítio

So heißt der Stadtteil auf der 100 m hohen Klippe. Hinauf kommt man zu Fuß (Wanderweg), mit der Kabelbahn (41 Prozent Gefälle) oder mit dem Auto. Am Aussichtspunkt steht die winzige *Capela da Memória*, die reich mit Azulejos verziert ist. Gleich daneben erhebt sich die Säule mit dem Kreuz der Christusritter. Im kleinen *Museum* werden neben Darstellungen aus dem Fischerleben auch archäologische Funde gezeigt.

Fischerfrauen in der Tracht von Nazaré

ESSEN & TRINKEN/ ÜBERNACHTEN

Im Sommer vermietet fast jedes Haus ein Zimmer; sehr preiswert sind die Pensionen *Europa*, *Ideal* und *Leonardo*.

Albergaria Mar Bravo

Direkt am Meer mit Restaurant. *16 Zi., Praça Sousa Oliveira 67, Tel. 262 56 91 60, Fax 262 55 39 79,* €€€

AM ABEND

Nazaré hat ein *Kino;* gleich neben dem Kino treten im Sommer abends ab 22 Uhr Folkloregruppen auf. Nach dem Essen trifft man sich in der *Pena Branca Bar* oder in der Disko *Fora d'horas.* 7 km südlich von Nazaré liegt *Famalicão.* In der Bar *O Marquês* wird am Wochenende ab 22 Uhr Fado gesungen.

AUSKUNFT

Turismo

Av. da República, Tel. 262 56 11 94, Fax 262 55 00 19

ZIELE IN DER UMGEBUNG

Alcobaça **[122 C2]**

★ Alcobaça ist eine verschlafene Kleinstadt mit einem hübschen *Weinmuseum (Eintritt frei)* und einigen guten Restaurants, z. B. *O Soleiro dos Frades,* dessen Ausstattung an eine Klosterhalle erinnert *(Arco de Císter, Tel. 262 58 22 81, €€).*

Niemand würde jedoch vermuten, dass hier, auf dem Hauptplatz von Alcobaça (ca. 5500 Ew.), der größte Sakralbau Portugals steht: ein *Zisterzienserkloster (tgl. 9–17, im Sommer bis 19 Uhr, Eintritt 2 Euro)* mit Kathedrale aus dem 12. und 13. Jh. Kaum 20 m breit, doch mehr als 100 m lang, wirken die Kirchenschiffe kühl und schlicht. Einziger Schmuck sind die *Sarkophage* des berühmtesten Liebespaares des Landes: Dona Inês und Prinz Pedro. Der Prinz vermählte sich zwar mit der spanischen Prinzessin von Kastilien, verliebte sich aber in deren Hofdame Inês de Castro. Nach dem Tod seiner Frau heiratete er Inês, die der Vater des Prinzen jedoch bald darauf ermorden ließ. Nach dem Tod des Vaters ließ Prinz Pedro den Leichnam seiner Geliebten von dort nach Alcobaça überführen und krönte die Tote zur Königin. Der Sarg der Inês wird von Tiermenschen getragen, die ihre Mörder darstellen sollen. Den anderen Sarg ziert eine Darstellung der Leidensgeschichte Jesu. Eine weitere Sehenswürdigkeit der Klosteranlage ist die *Klosterküche,* in der täglich für tausend Mönche gekocht worden ist. Unter dem 20 m hohen Rauchfang konnten mehrere Ochsen gleichzeitig gebraten werden.

Wohnen kann man in einem elegant renovierten Herrenhaus unweit vom Zentrum: *Chalet Fonte Nova, 10 Zi., Rua da Fonte Nova, Tel. 262 59 83 00, Fax 262 59 84 30, €€€*

Insider Tipp

Batalha [122 C2]

★ Am eindrucksvollsten erlebt man die Klosteranlage von Batalha (ca. 8000 Ew.), wenn man von Leiria aus, also von Norden her kommt. Plötzlich liegt sie da: gewaltig, majestätisch, prachtvoll. Seine Existenz verdankt das Bauwerk einer gewonnenen Schlacht: Als die portugiesische Armee im Jahr 1385 einem übermächtigen spanischen Heer gegenüberstand, versprach der portugiesische König, im Falle eines Sieges ein Kloster zu errichten.

An diesem »größten Kloster aller Zeiten« ist zwei Jahrhunderte lang gebaut worden, die Formen der Architektur reichen von der Hochgotik über den manuelinischen Stil bis hin zur Renaissance. Das Kirchenschiff ist 80 m lang und 32 m hoch. Der schönste Teil des Gebäudes ist der Kreuzgang *(Eintritt 3 Euro),* der *Claustro Real,* mit herrlich geschmückten Fensterbögen, einem Paradestück der Manuelinik. Das *Reiterdenkmal* vor dem Kloster stellt den königlichen Feldherrn dar, der die Portugiesen siegreich gegen die Spanier geführt hat. Jedes Jahr wird hier am 14. August mit einem Volksfest an die Schlacht erinnert.

Insider Tipp

Grutas de Santo António [123 D2]

20 km von Alcobaça in Richtung Porto de Mós liegen die beeindruckendsten Grotten Portugals: *Grutas de Santo António* und *Grutas de Alvados.* Die Höhlen sind gewaltig (Gesamtfläche von 6000 m²) und voller phantastischer Szenerien – von eindrucksvollen unterirdischen Seen bis zu märchenhaften Steinwäldern –, und alles ist effektvoll beleuchtet – ein lohnender

Ausflug. *Tgl. 9.30–18 Uhr, im Sommer bis 20 Uhr, Eintritt pro Grotte 2,50 Euro*

Leiria [122 C1–2]

Am linken Ufer des Flusses Liz liegt die Bezirkshauptstadt Leiria (ca. 30 000 Ew.). Insider Tipp Vom Bergfried der Burg hat man einen schönen Blick ins weite Land und auf den *Pinhal de Leiria,* einen der größten Pinienwälder Portugals. Besichtigen sollte man auch die *Loggia* des einstigen Königspalastes mit den schlanken gotischen Säulen und die dreischiffige Kathedrale im Renaissancestil. Wer Zeit hat, sollte eines der vielen Museen der Stadt besuchen: die *Gemäldegalerie,* das *Regionalmuseum,* das *Schulmuseum* oder das *Sportmuseum* des Sporting Clubs.

Insider Tipp **Óbidos** [122 B3]

Das Städtchen Óbidos (1000 Ew.) ist für Portugal, was für Deutschland Rothenburg an der Tauber ist: mit seinen malerischen Gässchen und der alten, den Ort umschließenden Stadtmauer ein Muss für jeden Touristen. Die meisten bleiben nur ein paar Stunden, werfen einen kurzen Blick in die Kirche *Santa Maria,* in die Kapelle *São Martinho* und in das kleine *Museum.* Auf der 13 m hohen Mauer kann man in weniger als einer Stunde einmal um die Stadt laufen und die weiß getünchten Häuser mit den blumenverzierten Fenstern von oben betrachten.

Wer in der *Pousada* von Óbidos *(9 Zi., Paço Real, Tel. 262 95 91 05, Fax 262 95 91 48, €€€)* übernachtet, sollte sich eines der beiden Turmzimmer leisten. Während der Saison rechtzeitig ein Zimmer reservieren! Zu Ostern findet eine eindrucksvolle Prozession durch den ganzen Ort statt.

TOMAR

[123 E2] ★ Die Stadt liegt in einer lieblichen Landschaft in der Nähe einer Talsperre mit angrenzendem Erholungsgebiet. Hat man erst einmal die Neubauten am Ortseingang hinter sich gelassen, findet man sich in einem hübschen Städtchen (ca. 15 000 Ew.) wieder: an einem malerischen Fluss mit Trauerweiden und efeubewachsenen Caféterrassen, mit einem schönen Park, allerlei Kirchen und einer mächtigen Burg auf dem Hügel über der Stadt.

SEHENSWERTES

Christusritterburg

Die Burg erhebt sich majestätisch über der Stadt. Sie gehört zu den ganz großen Sehenswürdigkeiten des Landes und wurde von der Unesco zum Weltkulturerbe erklärt. Der ehemalige Sitz erst der Tempelritter, später der Christusritter wurde fünf Jahrhunderte lang ständig erweitert. Er besteht aus zwei Kirchen (die Christuskirche ist ein Glanzstück der Manuelinik), mehreren Kreuzgängen (15. und 16. Jh.), einem manuelinischen Chor und dem manuelinischen Fenster auf der Außenwand der Christuskirche. *Tgl. 9.30–12.30 und 14–17, im Sommer bis 18 Uhr, Eintritt 2 Euro*

MUSEUM

Insider Tipp **Streichholzmuseum**

Nicht weniger als 43 000 Streichholzschachteln aus mehr als hundert Ländern sind in diesem Museum zusammengetragen. *So–Fr 14 bis 17 Uhr, Eintritt frei, Varzea Grande*

ESSEN & TRINKEN

Bela Vista

Der Name verspricht nicht zu viel: Hier essen Sie mit schönem Ausblick, gleich neben der Brücke am Fluss. *Junto a Ponte, Tel. 249 31 28 70,* €€

Chez-Nous

Insider Tipp Gilt als Geheimtipp für Jugendliche, die die großen und preiswerten Portionen zu schätzen wissen. *Rua Dr. Joaquim Jacinto 31, Tel. 249 31 47 43,* €

Chico Elias

Bestes Restaurant der Stadt, wegen seiner Spezialitäten in ganz Portugal bekannt. *Algarvias 70, Tel. 249 31 10 67,* €€€

ÜBERNACHTEN

Estalagem Santa Iria

In einem alten Herrenhaus sitzt man gemütlich vor dem offenen Kamin. *14 Zi., Mouchão Parque, Tel. 249 31 33 26, Fax 249 32 12 38,* €€

Residencial Sinagoga

Modernes, gut geführtes Haus. *22 Zi., Rua Gil Avô 31, Tel. 249 32 30 83, Fax 249 32 21 96,* €–€€

Hotel dos Templários

Bestes Haus der Stadt. *177 Zi., Largo Cândido dos Reis 1, Tel. 249 31 01 00, Fax 249 32 21 91, hoteltemplarios@mail.telepac.pt,* €€€

AUSKUNFT

Turismo

Rua Serpa Pinto 1, Tel. 249 32 90 00, Fax 249 32 43 22, geral.rttemplarios@ip.pt

ZIELE IN DER UMGEBUNG

Barragem do Castelo de Bode [123 E2]

Schön ist eine Bootsfahrt auf dem Stausee im Osten von Tomar (Anfahrt über Castelo de Bode). Der Preis für einen halben Tag beträgt einschließlich Essen 30 Euro. *Reservierung in Tomar über das Hotel dos Templários, Tel. 249 31 01 00*

Fátima [123 D2]

★ 1917 erschien die Muttergottes drei Hirtenkindern nahe dem heutigen Fátima. Bei ihrer sechsten und letzten Erscheinung ein halbes Jahr später erlebten 70 000 Menschen das »Sonnenwunder«, bei dem sich der Himmel verdunkelte und die Sonne als feuriger Ball am Firmament rotierte. 1928 begann man mit dem Bau der Basilika und mit der Anlage des großen Betplatzes, der doppelt so groß ist wie der Petersplatz in Rom. Der Ort (ca. 7500 Ew.) besteht fast nur aus Souvenirläden, Hotels, Pensionen, Restaurants und Kirchengebäuden. Im *Wachsfigurenmuseum (tgl. 9.30 bis 18.30 Uhr, Eintritt 4 Euro, Kinder 2 Euro)* sind die Ereignisse um die Erscheinung der Jungfrau Maria dargestellt *(Fahrt mit Minibahn zu den Erscheinungsplätzen 3 Euro)*. Ein Erlebnis ist die Teilnahme an einer der großen Lichterprozessionen jeweils am 12./13. eines Monats (besonders gut besucht sind sie im Mai und im Oktober).

Die Perle am Atlantik

Selbstbewusste Hauptstadt und mondänes Leben in den alten Seebädern

Lissabon liegt an einem gewaltigen Naturhafen knapp 20 km vom Atlantischen Ozean entfernt. Das Klima ist mild, es gibt viele Thermalquellen, und im Hinterland wachsen subtropische Wälder. Westlich von Lissabon erstreckt sich Portugals Côte d'Azur; Könige und Millionäre pflegten einst hier den Herbst zu verbringen – in pittoresken Märchenschlössern am Rande malerischer Fischerorte. Im Lauf der Zeit sind aus den winzigen Dörfchen allerdings mondäne Touristenzentren mit gewaltigen Hotelanlagen und Golfplätzen geworden. Vorbei sind Idylle und Ruhe. Längst sind die Orte zu Großstädten zusammengewachsen.

LISSABON (LISBOA)

Karte in der hinteren Umschlagklappe

[126 B2] Drückende Hitze, stickige Luft, lautes Gehupe, quirliger Verkehr; die Cafés sind überfüllt, man liest Zeitung, diskutiert oder genießt das geschäftige Treiben am Rossio, Lissabons berühmtestem Platz. Oder man läuft hinauf zum Chiado, dem Stadtteil mit den vielen Cafés und Boutiquen, benannt nach dem Pseudonym des Dichters Ribeiro. Von einem Denkmalssockel nahe dem alten Café A Brasileira lächelt er herunter. Man hat die Wahl: mühsam durch die kleinen Gässchen hinaufzusteigen ins Bairro Alto oder den bequemeren Weg zu wählen und für 85 Cent mit dem Elevador de Santa Justa, einem großen, eisernen Fahrstuhl aus dem Jahr 1901 (mit Café auf der Aussichtsplattform), ins Quartier der Goldschmiede, Antiquitätenhändler, Künstler, der Kneipen und Tavernen zu gelangen, wo nachts der Fado gesungen wird. Bergauf, bergab durch enge Gässchen lässt man sich dann einfach treiben.

Aussichtspunkt und Wahrzeichen der Stadt: der manuelinische Festungsturm Torre de Belém

A Brasileira: Bohemecafé im Chiado

1755 hat ein schweres Erdbeben nahezu die ganze Stadt zerstört. Nur wenige Viertel blieben damals verschont. In strengen geometrischen Zügen hat man die Unterstadt wieder angelegt, als Bindeglied der Plätze Rossio und Praça do Comércio. Der ehemalige Königs- und Marktplatz ist fast quadratisch und auf drei Seiten von Regierungsbauten umgeben. Eine Marmortreppe führt in den Fluss hinein. Hier wurden einst die heimkehrenden Seefahrer empfangen. Doch es gibt noch ein anderes Lissabon, ein höchst modernes. Die Expo 98 hat das Gesicht der Stadt verändert: 10 Mrd. Mark wurden in den Bau von Brücken, Bahnhöfen, U-Bahnen und des Expogeländes investiert. Auch viele Wohnviertel wurden komplett, vor allem aber mit Bedacht saniert – dank einer Initiative von Bürgermeister João Soares, dem Sohn des früheren Staatspräsidenten, der sich dafür einsetzte, die traditionsreichen Viertel Lissabons möglichst originalgetreu wieder aufzubauen. Die markanteste Entwicklung ist die Hinwendung zum Fluss. Jahrzehntelang war Lissabon durch Lagerhäuser und Mauern vom Tejo abgeschnitten. Jetzt entstehen dort immer mehr Grünflächen, Flaniermeilen und Treffpunkte. Hier spielt sich das moderne Leben der Metropole (1 Mio. Ew., im Großraum knapp 3 Mio.) ab. Ausführliche Informationen im MARCO POLO »Lissabon«.

SEHENSWERTES

Für eine U-Bahn-Fahrt in Lissabon zahlt man 50 Cent, die Zehnerkarte kostet 4,25 Euro. Mit der *Lisboa Card* kann man kostenlos und unbegrenzt Bus, U-Bahn, Straßenbahn und Aufzug fahren. Zudem kostenloser Eintritt in 26 Museen und andere Sehenswürdigkeiten. Die Karte kostet für 24 Stunden 10,50 Euro, für 48 Stunden 18 und für 72 Stunden 23 Euro. Sie ist in den *Tu-*

Castelo São Jorge in der Alfama: schönster und romantischster Aussichtspunkt

MARCO POLO Highlights »Lissabon«

★ **Cristo Rei**
Von der Christusstatue auf der Südseite des Tejo haben Sie eine herrliche Aussicht auf Lissabon (Seite 60)

★ **Belém**
Stadtteil am Tejo mit Bauwerken aus der Entdeckerzeit (Seite 59)

★ **Ozeanarium**
Das größte Aquarium Europas (Seite 60)

★ **Sintra**
Die ehemalige Sommerresidenz portugiesischer Könige und Adliger: malerische Winkel, zwei Paläste, mildes Klima (Seite 64)

rismo-Büros und in vielen Hotels erhältlich.

Alfama **[U E4–5]**
Alfama nennt sich Lissabons ältester Stadtteil, der vom Erdbeben weitgehend verschont geblieben ist. Hier läuft man am besten ohne Plan mit viel Zeit durch die engen Gässchen und die steilen Treppenstraßen, in denen der Fado entstanden sein soll, vorbei an romantischen Lichthöfen und Mauerbögen. Als Ausgangspunkt für einen Bummel durch die Alfama sollten Sie den *Miradouro de Santa Luzia* oder das *Castelo de São Jorge* wählen, den schönsten Aussichtspunkt der Stadt. Bis zum 16. Jh. war dies die königliche Residenz, die beim schweren Erdbeben 1755 zu großen Teilen zerstört wurde. Heute ist die Burganlage vor allem ein beliebtes Ausflugsziel verliebter Pärchen und Touristen.

Belém **[O]**
★ Altes Stadtviertel 7 km westlich des Zentrums. Am Ufer des Tejo stehen architektonische Zeugen des goldenen Entdeckerzeitalters und gleichzeitig die großen Sehenswürdigkeiten der Stadt: das Jerónimos-Kloster, das moderne Seefahrerdenkmal Padrão dos Descobrimentos und die *Torre de Belém (Di–So 10–17 Uhr, Eintritt 2 Euro)*, das Wahrzeichen Lissabons. Der kunstvolle Festungs- und Leuchtturm aus dem 16. Jh. mit manuelinischen Bauelementen stand früher auf einer Insel und diente als Verteidigungsbollwerk der Hafeneinfahrt. Durch die Verlandung des Flusses steht der Turm heute jedoch direkt am Ufer. Zeitweise diente er auch als Gefängnis der spanischen Eroberer. Besucher können einen Blick in die Kerker werfen und bis zur 35 m hohen Plattform steigen.

In Sichtweite von der Torre de Belém reckt sich gleich am Yachthafen stolz das Denkmal der Entdeckungen *(Padrão dos Descobrimentos)* 52 m in die Höhe. 1960 wurde es zum 500. Todestag Heinrichs des Seefahrers errichtet. Auf dem Bug einer steinernen Karavelle stehen überlebensgroß portugiesische Entdecker, Nautiker, Kartografen, Seeleute, Künstler und Missionare. Ein Aufzug *(2 Euro)* führt auf Insider Tipp das Dach des Denkmals. Neben der Aussicht von Cristo Rei ist dies der schönste Blick auf die Stadt.

Das sehenswerte Mosteiro dos Jerónimos (Hieronymus-Kloster) ist ein Paradebeispiel manuelinischer Baukunst: König Manuel I. gab es Ende des 15. Jhs. in Auftrag, doch erst nach 50-jähriger Bauzeit wurde das Kloster fertig gestellt. Prächtiges *Südportal,* innen das *Grabmal von Vasco da Gama,* dem Entdecker Indiens. Der nördlich an die Kirche Insider Tipp angrenzende *Kreuzgang* gilt vielen als der schönste Portugals.

Im *Centro Cultural de Belém,* dem größten Kulturzentrum des Landes, lohnt ein Besuch im neuen *Designmuseum.* Einen Steinwurf vom Hieronymus-Kloster entfernt liegen in der Rua Vieira Portuense die *Cais de Belém,* eine Art Fressgasse. In der Rua de Belém sollten Sie unbedingt in der *Antiga Confeitaria de Belém* einkehren, einem 160 Jahre alten Kaffeehaus mit Pastetenfabrik.

Cristo Rei **[O]**

★ Auf der anderen Seite der Stadt steht Cristo Rei, eine Christusstatue, die ähnlich der in Rio de Janeiro schützend die Arme über der Stadt ausbreitet. In dem 82 m hohen Sockel befindet sich eine Kapelle. Ein Fahrstuhl führt auf die Terrasse am Fuß der 28 m hohen Statue. Von hier hat man einen herrlichen Ausblick auf Lissabon. *Tgl. 9–18.30 Uhr, Eintritt 1,50 Euro*

Docks von Alcântara/ Cais do Sodré **[U A5–6, O]**

Neuerdings gibt es viele Promenaden entlang dem Tejo. Die *Esplanada da Doca de Santos* ist Lissabons Ausgehmeile Nummer eins: Cafés, Barrestaurants und Diskotheken in ehemaligen Hafengebäuden direkt am Yachthafen. An den *Cais do Sodré* lohnt ein Besuch in der *Traditionsbrauerei Portugália* oder im *Armazém F,* wo man sein Bier selbst zapft.

Expogelände und Ozeanarium **[O]**

»Park der Nationen« (Parque das Nações) nennt sich das 330 ha große frühere Expogelände mit Messehallen, Yachthafen, Museums- und Theaterhallen, Gärten, einem Bahnhof und dem größten ★ *Ozeanarium* Europas *(tgl. 10–19 Uhr, Eintritt 10 Euro).* In den nächsten Jahren entsteht hier ein neues Stadtviertel mit Büro-, Geschäfts- und Wohnhäusern.

Sehr sehenswert ist auch der neue *U-Bahnhof Oriente,* ein Gesamtkunstwerk aus Skulpturen, großformatigen Azulejobildern und Designermöbeln. Der katalanische Architekt Santiago Calatrava, der isländische Popkünstler Errö, der Portugiese Joaquim Rodrigo und der Österreicher Friedensreich Hundertwasser haben hier gewirkt. Auf der Website *www.metrolisboa.pt* können Sie die Wandgemälde aller U-Bahn-Stationen im Internet anschauen.

Palácio Fronteira **[O]**

Das Schloss mit großer Gartenanlage im Vorort Benfica galt im 17. Jh. als achtes Weltwunder. *Mo–Sa 10.30–12 Uhr halbstündliche Führungen (im Winter nur um 11 und um 12 Uhr), Eintritt Palast 7 Euro, Garten 2,50 Euro, Largo São Domingos de Benfica*

Parque de Eduardo VII [U B–C1]

Eine der bekanntesten Aussichten Lissabons ist der Blick von der Anhöhe der großen Parkanlage Parque de Eduardo VII über die Stadt hinunter zum Tejo. Unterhalb des Parks liegt der große Platz Marquês de Pombal. Er ist Ausgangspunkt der *Avenida da Liberdade*, der palmengesäumten Prachtstraße mit acht Fahrbahnen, zehn Baumreihen und sechs Bürgersteigen, die meisten von ihnen kunstvoll mit Mosaikornamenten gepflastert.

Ponte de 25 de Abril und Ponte Vasco da Gama [O]

Die Brücken der Superlative: Die eine (25 de Abril) ist Europas längste Hängebrücke (70 m hoch, 3 km lang); auf ihr rollen seit 1999 auch Züge. Die andere (Vasco da Gama) ist die längste Brücke Europas: Auf fast 18 km Länge überspannt sie die östliche Tejobucht.

Sé (Kathedrale) [U E5]

Etwas unterhalb des Platzes Santa Luzia steht die wuchtige Sé von 1147. Sie ist das älteste Bauwerk der Stadt und gleicht einem Festungsbau.

Straßenbahnfahrt

Lohnend ist die Fahrt mit der Straßenbahn *(z. B. Linie 28, 80 Cent)*. Im Sommer werden zwei Bahnen aus dem Jahr 1901 eigens für Stadtrundfahrten eingesetzt: *Linha das Colinas* (Hügelfahrt): Rundfahrt durch die Altstadt, *Linha do Tejo* (Tejofahrt): führt am Fluss entlang zu den Sehenswürdigkeiten von Belém. *Abfahrt am Terreiro do Paço* [U D5], wie man in Lissabon die Praça do Comércio nennt. *Erwachsene 25 Euro, Kinder 8 Euro*

MUSEEN

Lissabon besitzt eine Fülle von Museen und Galerien. Da gibt es ein Marine-, ein Fado-, ein Eisenbahnmuseum, ein Kinder-, ein Radio-, ein Militärmuseum, ein Museum für Naturgeschichte, für Theater- und Musikwissenschaften, ja sogar ein Wasser- und ein Pastetenmuseum. Selbst die U-Bahn-Haltestellen hat man in kleine Museen verwandelt. Wer sich vor seiner Reise informieren will, findet im Internet einen Überblick *(www.ipmuseus.pt)*.

Museu Calouste Gulbenkian [O]

Stiftung eines Ölmagnaten. Hier werden u. a. antike Kunstgegenstände gezeigt. *Di–So 10–17 Uhr, Eintritt 3 Euro, Av. de Berna 45*

Museu Nacional de Arte Antiga [U A5]

Das wichtigste Museum der Stadt. Keramiken, Wandteppiche, Goldschmiedearbeiten, bedeutende Gemäldegalerie. *Mi–So 10–18 Uhr, Di 14–18 Uhr, Eintritt 3 Euro, Rua das Janelas Verdes 9*

Museu Nacional do Azulejo [O]

Sammlung von Azulejos von den Anfängen bis heute. *Di–So 10 bis*

An der Praça do Comércio starten die Stadtrundfahrten mit der Tram

17.30 Uhr, Eintritt 2 Euro, So 10–14 Uhr frei, Rua Madre de Deus 4

Museu Nacional dos Coches [O]
60 prachtvolle Karossen aus dem 16. bis 19. Jh. lohnen den Besuch. *Di–So 10–18 Uhr, Eintritt 3 Euro, Praça Afonso de Albuquerque*

ESSEN & TRINKEN

Die »Futtermeile« Lissabons beginnt am Rossio neben dem Teatro Nacional *(Rua das Portas de Santo Antão)*. Wer es derber mag, geht in die Alfama in die *Rua de São Miguel*, eine Gasse mit winzigen Tavernen. Intellektuell geht es im *Bairro Alto* zu; mediterranes Flair herrscht im Szeneviertel an den Docks direkt am Tejo.

Alcântara Café [O]
Ein Muss für jene, die das Besondere lieben: in ehemaliger Fabrikhalle, mit Plastiken und Plüsch. *Rua Maria Luísa Holstein 15, Tel. 213 62 12 26, €€–€€€*

Bota Alta [U C4]
Gemütliches Künstlerlokal. *Travessa Queimada 27, Tel. 213 42 79 59, €€€*

Café In [O]
Große Fischauswahl. *Av. de Brasília, Pavilhão Nascente, Tel. 213 62 62 49, €€€*

Cafés
Das bekannteste Café der Stadt (hier traf sich einst die Boheme) ist das *Brasileira* am *Largo do Chiado*. Eine Oase der Ruhe ist die *Confeitaria Nacional* an der *Praça da Figueira*. Das Caférestaurant *Martinho da Arcada* an der *Praça do Comércio* ist das älteste der Stadt. Ebenfalls traditionsreich ist das *Suiça* am *Rossio*. Unbedingt sehenswert sind die Art-déco-Inneneinrichtung des *Nícola (Rossio)* und der verspielte Stuck des *Versailles (Av. da República)*.

Cervejaria Trindade [U D5]
Die azulejoverzierten Klostergewölbe gleichen eher einer Bahnhofshalle. Gutes Bier, günstige Gerichte. *Rua Nova da Trindade 20, Tel. 213 42 35 06, €–€€*

Doca Seis [O]
An den Docks hat man die Qual der Wahl. Hier stimmt nicht nur das Ambiente, sondern auch das Preis-Leistungs-Verhältnis. *Doca de Santo Amaro, Tel. 213 95 79 05, €€–€€€*

Pap'Açorda [U C4]
Für Intellektuelle, viel Marmor. *Rua da Atalaia 57, Tel. 213 46 48 11, €€–€€€*

Tavares Rico [U C–D4]
Im Flair des 18. Jhs. mit vergoldeten Spiegelwänden. Im ersten Stock günstige Mittagsgerichte (Kantine). *Rua da Misericórdia 37, Tel. 213 42 11 12, €€–€€€*

T-Clube [O] Insider Tipp
Bar, Restaurant und Diskothek unter einem Dach. Stilvoll und mit Blick auf das Entdeckerdenkmal. *Av. de Brasília, Tel. 213 01 66 52, €€–€€€*

EINKAUFEN

Die drei wichtigen Einkaufsgebiete: Das teuerste liegt in der Gegend der

Avenidas Novas, um die *Avenida da Roma* [O]. Am preiswertesten und am hektischsten geht es in der alten Innenstadt zu, der *Baixa* [U D4–5] mit ihren sich rechtwinklig kreuzenden Straßen. Die Straßennamen verraten, welche Zünfte hier einst vorherrschten: *Rua da Prata* (Silber) oder *Rua dos Sapateiros* (Schuster). Im Stadtteil *Chiado* (um die *Rua Garrett*) sind die Geschäfte feiner, jedoch auch teurer als in der Baixa. Außerdem gibt es im Großraum Lissabon vier große Shoppingkomplexe: *Amoreiras* in der *Rua Duarte Pacheco* [U A1–2], *CascaiShopping* [O], *25 km außerhalb an der N 9 bei Alcabideche),* *Centro Vasco da Gama* [O], das neueste Einkaufszentrum der Stadt am Expogelände, und das berühmte *CCC Centro Comercial Colombo* [O] gegenüber dem Stadion von Benfica Lissabon. Dieser Konsumtempel der Superlative ist ein Muss für alle Shoppingbesessenen.

ÜBERNACHTEN

In der Nähe des Rossio (z. B. in der *Rua das Portas de Santo Antão*) gibt es viele kleine Pensionen zu passablen Preisen.

Lapa Palace [O]
In einem noblen Stadtpalais. *99 Zi., Rua do Pau de Bandeira 4, Tel. 213 94 94 94, Fax 213 95 06 65, www.orient-expresshotels.com,* €€€

Hotel Lisboa Plaza [U C–D3]
In ruhiger Seitenstraße, nur zwei Minuten zum Zentrum. Stilvoll, elegant. *112 Zi., Av. da Liberdade/ Travessa Salitre, Tel. 213 21 82 18, Fax 213 47 16 30,* €€€

Hotel Métropole [U D4]
Zentrales, geschmackvoll renoviertes Stadthotel. *36 Zi., Rossio 30, Tel. 213 46 91 64, Fax 213 46 91 66, almeidahotels@ip.pt,* €€€

Pensão Ninho das Águias [U E4]
Typische Pension am Fuß des Kastells São Jorge. *31 Zi., Costa do Castelo 74, Tel. 218 85 40 70,* €

York House [U A5]
In einem ehemaligen Kloster aus dem 16. Jh., eine elegante Residenz mit viel Charme, hübschem Innenhof und schönen Zimmern. *32 Zi., Rua das Janelas Verdes 32, Tel. 213 96 24 35, Fax 213 97 27 93,* €€€

AM ABEND

In Lissabon beginnt das Nachtleben spät. Vor 22.30 Uhr braucht man nicht aufzubrechen, es sei denn, man geht ins *Kino* – in Portugal ein abendfüllendes Erlebnis: Die Vorstellung *(ca. 4 Euro)* beginnt meist nach 20.30 Uhr und dauert wegen kleiner Pausen oft bis 23 Uhr, anschließend geht man dann noch essen. *Fadolokale* öffnen zwar schon um 20 Uhr, doch vor 22 Uhr tut sich dort gar nichts. Die meisten Fadolokale liegen im Bairro Alto, viele verlangen einen Minimumverzehr ab 15 Euro pro Person. Einheimische empfehlen gerne den ganz und gar nicht touristischen Fado im *A Viela (Mo–Sa),* im *Cristal* oder in der *Casa do Leão* im Castelo São Jorge in der Alfama *(Di, Do, Fr).* Insider Tipp

Lissabon orientiert sich immer mehr zum Tejo hin – das gilt auch für das Nachtleben. Jede Menge interessante Bars und Kneipen findet man zwar im Bairro Alto, noch mehr jedoch spielt sich in den Industriegebieten und an den Docks direkt am Tejo ab: Alcântara heißt das Stadtviertel, das sich zum Intreffpunkt gemausert hat. Da sind zum einen die Bars und Kneipen an Insider Tipp den *Docks Santo Amaro,* die Diskotheken an den Lagerhallen bei der *Rua da Cintura do Porto de Lisboa* und die Treffpunkte an der *Avenida 24 de Julho.* Beliebt ist etwa die ausgeflippte Cafébar *Trifásica* direkt neben Lissabons schönster Diskothek *Kapital.* Die Diskotheken *Alcântara Mar* (im Industriegebiet), *Salsa Latina* (in einer Lagerhalle am Fluss), *Stones, Kapital, Kremlin* und *Plateau* (alle an der *Av. 24 de Julho*) füllen sich erst in den frühen Morgenstunden. Das reifere Publikum geht lieber in den *T-Clube* in *Belém* direkt am Eroberungsdenkmal.

AUSKUNFT

Turismo [U D4]
Praça dos Restauradores, Tel. 213 46 33 14, Fax 213 46 87 72, www.atl-turismolisboa.pt, und am *Flughafen*

ZIELE IN DER UMGEBUNG

Cascais [126 A2]
Touristisches Zentrum an kleiner Bucht. Viele Cafés und Boutiquen. Im Sommer hoffnungslos überlaufen. Im alten *Rathaus* und in der Kapelle *Nossa Senhora da Nazaré* kann man Azulejos besichtigen. Größtes Einkaufszentrum im Großraum Lissabon: *CascaiShopping*

Estoril [126 A–B2]
Galt einst als »das« Seebad Portugals. Feudalhotels, Kasino, Golfplätze. In der Gegend gibt es viele Landsitze aus dem 17. und 18. Jh.; einige können besichtigt werden, z. B. der *Palast* des Grafen von Pombal in *Oeiras.*

Palmela [126 C3]
Der Ort ist bekannt für den guten Wein und für das bunte Weinfest im September. In einer alten Burg mit Museum (Heimatkunde und wechselnde Ausstellungen) auf einem Hügel etwas außerhalb Richtung Setúbal liegt die schöne *Pousada de Palmela (28 Zi., Tel. 212 35 12 26, Fax 212 33 04 40, €€€).*

SINTRA

[126 A2] ★ Am Fuß eines dicht bewachsenen Felsgebirges, das von der Unesco zur Weltkulturlandschaft erklärt wurde, liegt Sintra (ca. 20 000 Ew.), die ehemalige Sommerresidenz portugiesischer Könige und Adliger: Verwinkelte Gässchen, malerische Winkel, Rokokovillen, versteckte Chalets und das milde Klima ziehen viele Fremde an.

SEHENSWERTES

Palácio Nacional da Pena
Inmitten eines subtropischen Parks liegt hoch über Sintra der Palácio da Pena. Manch ein Kunsthistoriker mag über dieses »Neuschwanstein Portugals« entsetzt sein: Das kuriose Phantasieschloss (19. Jh.) ist ein Sammelsurium an Stilarten. *Di–So 10–17 Uhr, Eintritt 2 Euro, So-Vormittag frei*

Palácio da Vila (Königspalast)
Der manuelinische Palast ist eine labyrinthische Anlage aus dem 15./

16. Jh. mit maurisch anmutenden Innenhöfen, beeindruckenden Azulejos und verschwenderischer Inneneinrichtung. Seine überdimensionalen Kamine sind zum Wahrzeichen der Stadt geworden. *Tgl. 10–13 und 14–17 Uhr, Eintritt 2 Euro, So-Vormittag frei*

MUSEUM

Museu de Arte Moderna
Das Museum beherbergt die Sammlung Berardo mit wichtigen Werken europäischer und amerikanischer Künstler der Nachkriegszeit. *Mi–So 10–18 Uhr, Di 14–18 Uhr, Eintritt 3 Euro, Av. Heliodoro Salgado*

ESSEN & TRINKEN

Adraga
Einfaches Fischlokal am einsamen Strand mit Blick auf die Brandung. *Praia da Adraga, Tel. 219 29 08 72, €*

ÜBERNACHTEN

Insider Tipp **Caesar Park Penha Longa**
Luxushotel in einem Naturschutzgebiet 6 km außerhalb. 18-Loch-Golfplatz. *177 Zi., Linhó, Tel. 219 24 90 11, Fax 219 24 90 07, €€€*

Lawrence's Hotel
So müssen einst die Herzöge residiert haben. *22 Zi., Rua Consiglieri Pedroso 38–40, Tel. 219 10 55 00, Fax 219 10 55 05, lawrences-hotel@email.com, €€€*

Pensão Sintra
Bis auf die Einrichtung alles herrlich: das ehemalige Herrenhaus, der Garten, der Pool, die Ruhe. *10 Zi., Travessa dos Avelares 12, Tel. 219 23 07 38, €€*

AUSKUNFT

Turismo
Praça da República, Tel. 219 23 39 19, Fax 219 23 51 76, www.cm-sintra.pt

ZIELE IN DER UMGEBUNG

Cabo da Roca [126 A2]
Der westlichste Punkt des europäischen Festlandes. Ein Leuchtturm markiert die windumtoste, gut 140 m hohe Klippe.

Mafra [126 B1]
Den gewaltigen Palast gab König João V. Anfang des 18. Jhs. in Auftrag. Hauptsehenswürdigkeit ist die riesige *Bibliothek* mit 88 m langen Bücherregalen. *Mi–Mo 10–13 und 14–17 Uhr, Eintritt 2 Euro, So-Vormittag frei*

Queluz [126 B2] Insider Tipp
Ein heiteres Rokokoschlösschen mit verspielten Gärten, kleinen Wäldern und einem Wasserfall. Das Schlossgebäude ist heute ein Hotel, darin das Restaurant *Cozinha Velha*, stilvoll, aber teuer *(Tel. 214 35 61 58, €€€)*.

Verspielt: Rokokoschlösschen Queluz

Im weiten Alentejo

Eine einsame, hitzeflirrende Landschaft, die mehr Beachtung verdient, als sie gemeinhin erhält

Die »Ebenen« sind das große, weite und flache Gebiet beiderseits des Tejo. Früher hießen diese Provinzen Ribatejo und Alentejo, die Landschaften also an den Ufern *(riba)* und jenseits *(além)* des Tejo. Im Sommer wird es dort unerträglich heiß, im Herbst gießt es wie aus Kübeln, die Winter sind empfindlich kalt, und einen Frühling gibt es kaum. Das Land ist dünn besiedelt und gilt als ärmste Gegend Portugals. Die meisten Touristen durchfahren diese Region unachtsam, denn weit und breit gibt es hier nichts zu sehen: monotone Landschaft, nur hier und da ein Hügel. Zwischen den weit auseinander liegenden Dörfern trifft man immer wieder auf einen *monte*, ein weißes Herrenhaus auf einer kleinen Anhöhe. Es sind jene Gutshöfe, die nach der Revolution 1974 von den armen, aber selbstbewussten Landarbeitern enteignet und in Kooperativen weiter bearbeitet worden sind. Nach und nach sind diese Landreformen von den Regierungen jedoch wieder rückgängig gemacht worden. Rund um solche *montes* erstrecken sich Getreidefelder, Weiden und Korkeichenwälder, so weit das Auge reicht. Nicht selten begegnet man großen Schweine-, Schaf- und Rinderherden, und es wundert nicht, dass auf diesen riesigen Gütern mehr als ein Drittel des portugiesischen Viehbestandes gezüchtet wird. So langweilig, still und melancholisch, dürr und endlos, wie die Landschaft bei der Durchfahrt wirkt, ist sie gar nicht. Auch in den Ebenen gibt es Sehenswürdigkeiten und ein reichhaltiges Freizeitangebot.

Der römische Tempel in Évora, einst eingemauert, wurde erst im 19. Jh. freigelegt

Alentejo: Weite bis zum Horizont

BEJA

[128 A5] Seiner Lage wegen wird Beja gerne auch die Königin der Ebene genannt: Von Norden kommend, erkennt man die Stadt schon von weitem an dem alten Kastell und dem mächtigen Turm; die Neubauten am Stadtrand lassen nicht vermuten, dass sich im Zentrum ein charmanter Altstadtkern mit engen Gässchen und einer schönen Fußgängerzone verbirgt. Beja (ca. 36 000 Ew.) ist ein hübsches Städtchen zum Bummeln; auf Schritt und Tritt begegnen dem Besucher Überreste aus der bewegten Stadtvergangenheit und erinnern an Römer, Westgoten und Mauren, die hier einst gelebt haben. Länger als ein paar Stunden braucht man indes in der zweitgrößten Stadt des Alentejo nicht, um die Attraktionen gesehen zu haben.

SEHENSWERTES

Praça da República

Hier stehen der *pelourinho* (manuelinischer Pranger), das alte und das neue *Rathaus* sowie die *Misericórdia-Kirche* (strenge Renaissance); ursprünglich als Schlachthaus konzipiert, ist sie erst im 16. Jh. zur Kirche umfunktioniert worden.

Torre de Menagem

Das Wahrzeichen der Stadt und Teil des Kastells, das auf römischen Fundamenten mit einst 40 Toren erbaut worden ist; davon sind heute nur noch wenige erhalten. Lohnend ist der Aufstieg auf den 40 m hohen Turm aus dem 13. Jh. *Di–So 10–13 und 14–18 Uhr, im Winter nur bis 16 Uhr, Eintritt 1 Euro, So frei*

MUSEUM

Museu da Rainha Dona Leonor

Das Regionalmuseum ist im ehemaligen Conceição-Konvent (manuelinischer Baustil) untergebracht. Dieses Kloster ist wegen der (von Rilke übersetzten) Briefe der Nonne Mariana an den Grafen von Chamilly berühmt geworden. Heute wird gemunkelt, dass die Briefe in Wirklichkeit gar nicht von der verlassenen Liebenden geschrieben, sondern von einem Franzosen gedichtet worden seien. In der Kirche sind alte maurische Azulejos, im Museum landesgeschichtliche und sakrale Ausstellungsstücke zu sehen. *Di–So 9.45–13 und 14–17.15 Uhr, Eintritt 1 Euro*

ESSEN & TRINKEN

Café Luís da Rocha

Das bekannteste Café der Stadt. Es ist zwar weder gemütlich noch besonders preiswert, aber typisch für portugiesische Kleinstadtcafés und meistens voll; Spezialität des Hauses sind *porquinhos* – kleine Schweinchen aus Schokolade. In der ersten Etage befindet sich ein Restaurant. *Rua Capitão João Francisco de Sousa*

Esquina

Derzeit das beliebteste Restaurant unter Einheimischen. *Rua Infante Dom Henrique 24, Tel. 284 38 92 38,* **€**

Os Infantes

Bar und Restaurant im Zentrum mit guter Küche. *Rua dos Infantes 14, Tel. 284 32 27 89,* **€€**

EINKAUFEN

Jeden ersten und dritten Montag des Monats ist am *Largo da Feira* (am Ortsausgang in Richtung Algarve) großer Markt. Jahrmärkte und Volksfeste finden in der zweiten Maihälfte und vom 10. bis 15. August statt. Am 10. August, dem Tag des heiligen Lourenço, wird ein buntes Volksfest gefeiert; dann werden auch Stierkämpfe veranstaltet.

MARCO POLO Highlights »Planícies«

★ **Almendres**
Prähistorische Funde und Megalithenkreise in der Umgebung lohnen eine Rundfahrt (Seite 71)

★ **Évora**
Der römische Tempel ist eine der am besten erhaltenen römischen Ruinen Portugals (Seite 69)

ÜBERNACHTEN

Residencial Bejense
Preiswert, einfach und zentral gelegen. *24 Zi., Rua Capitão João Francisco de Sousa 57, Tel. 284 32 50 01, €*

Hotel Residencial Melius
Komfortabel und modern. *62 Zi., Av. Fialho de Almeida, Tel. 284 32 18 22, Fax 284 32 18 25, €€*

Insider Tipp **Pousada de São Francisco**
Wurde erst 1994 im alten Franziskanerkloster aus dem 13. Jh. eingerichtet und gehört zu den schönsten Pousadas Portugals. *35 Zi., Largo D. Nuno Álvares Pereira, Tel. 284 32 84 41, Fax 284 32 91 43, €€€*

AM ABEND

Abends geht man in die Bar *Ufo's* oder in die Diskotheken *Via Ferrea* und *República do Alcool.*

Café-Bar Os Infantes
Zum gleichnamigen Restaurant gehört dieser beliebte Treffpunkt für Intellektuelle; häufig Livemusik sowie Kunstausstellungen. *Ab 22 Uhr, Rua dos Infantes 14*

AUSKUNFT

Turismo
Praça da República, Tel. 284 31 01 50, Fax 284 31 01 51, www.rt-planiciedourada.pt

ZIEL IN DER UMGEBUNG

Moura **[128 C4]**
Optisch hat die kleine Thermalkurstadt (10 000 Ew.) rund 60 km nordöstlich von Beja deutlich maurischen Charakter, auf den schon ihr Name, »die Maurische«, verweist. Schneeweiß liegt sie in der Landschaft. Am Hauptplatz der Zugang zum kleinen Kurpark mit Aussichtsterrasse.

ÉVORA

[128 A2–3] ★ Etwa 300 Männer stehen in Grüppchen beisammen und diskutieren. Sie reden über soziale Missstände, über Politik – und über Viehpreise. Der arkadengesäumte Stadtplatz von Évora, der Hauptstadt des Alentejo, die Praça do Geraldo, ist am Dienstagvormittag Treffpunkt von Händlern und Bauern aus der Umgebung: ein Markt ohne Waren. Beim Versuch, mit dem Auto hierher zu gelangen, kann man schnell verzweifeln. Der historische Stadtkern mit seinen Bürgerhäusern aus dem 16. und 17. Jh., den alten Palästen und Kirchen verschiedenster Stilrichtungen und den verwinkelten, engen Einbahnsträßchen ist rundherum von mittelalterlichen Mauern aus dem 14. Jh. umgeben.

Die Stadt (ca. 52 000 Ew.) ist überreich an Monumenten, weshalb sie die Unesco komplett unter Denkmalschutz gestellt und auf die Liste des Weltkulturerbes gesetzt hat.

SEHENSWERTES

Casa dos Ossos
Eine makabre Attraktion ist die Knochenkapelle (17. Jh.) in der Kirche São Francisco. Die Wände der Kapelle sind mit 5000 Totenschädeln und Knochen verkleidet. Ein kleines Schild soll den Besucher mahnen: *Nós ossos que aqui estamos – pelos vossos esperamos*: »Unsere hier versammelten Gebeine warten auf die eurigen.« *Tgl. 9–13 und 14–17.30 Uhr, im Sommer bis 18 Uhr, Eintritt 50 Cent*

Die arkadengesäumte Praça do Geraldo ist Évoras »Wohnzimmer«

Sé (Kathedrale)
Die Kirche (12./13. Jh.) mit ihrem 70 m langen Innenschiff und einer der ältesten Orgeln Europas ist beeindruckend. Leider ist ihr Turm baufällig und kann nicht mehr bestiegen werden. Sehenswert sind das der Kathedrale angeschlossene *Kloster* mit seinem mittelalterlichen Kreuzgang und das *Museu de Arte Sacra;* die bedeutendsten Stücke der Sammlung sind ein Reliquienkreuz mit 1426 Steinen und Diamanten und eine Madonna aus Elfenbein (13./14. Jh.). Das Triptychon zeigt zehn Szenen aus dem Leben Marias. *Di–So 10–12 und 14–17 Uhr, Eintritt 1,20 Euro*

Templo Romano
Vom Tempel (1./2. Jh.) stehen noch 14 der 18 korinthischen Säulen; jahrhundertelang war er zugemauert und ist so vor dem Verfall bewahrt worden. Erst 1870 hat man ihn freigelegt. Es heißt, der Tempel sei der Göttin Diana geweiht, nachweisen konnte das bisher niemand.

ESSEN & TRINKEN

Aquário
Unter den Einheimischen sehr beliebt und entsprechend gut besucht. *Rua de Valdevinos 7, Tel. 266 70 94 03,* **€€**

Fialho Insider Tipp
Ein Tempel der Speiselust, das beste Restaurant der ganzen Gegend. *Travessa das Mascarenhas 16, Tel. 266 70 30 79,* **€€–€€€**

Cozinha Santo Humberto
Hervorragende Kaninchen- und Lammgerichte. *Rua da Moeda 39, Tel. 266 70 42 51,* **€€**

ÜBERNACHTEN

Pensão Policarpo
Zentral in altem Stadtpalast mit azulejoverziertem Aufenthaltsraum und bemalten Bauernmöbeln. *20 Zi., Rua da Freira de Baixo 16, Tel./Fax 266 74 11 76, €€*

Pousada dos Lóios
In ehemaligem Kloster untergebracht. Sehenswert der herrliche Kreuzgang; die Zimmer sind klein und spärlich eingerichtet. *32 Zi., gegenüber dem Diana-Tempel, Tel. 266 70 40 51, Fax 266 70 72 48, €€€*

Quintas
In und um Évora gibt es viele Herrenhäuser, in denen man auch übernachten kann. Empfehlenswert *(alle €€)* sind z. B.: *Solar Monfalim (Tel. 266 75 00 00), Casa de São Tiago (Tel. 266 70 26 86), Quinta da Nora (Tel. 266 70 98 10), Quinta do Pintor (Tel. 266 70 69 15).*

AUSKUNFT

Turismo
Rua de Aviz 90, Tel. 266 74 25 34, Fax 266 70 52 38, rtc@ip.pt

ZIELE IN DER UMGEBUNG

Almendres [128 A3]
★ In der Nähe von Évora gibt es eine Reihe von Megalithen: die *Dolmen von Zambujeiro,* die *Grotte von Escoural* und die *Menhire von Almendres:* Mitten in einem Korkeichenwald (20 Minuten von Évora, auf der Straße nach Lissabon, bei Guadalupe links ab) stehen 95 Monolithen ellipsenförmig aufgereiht.

Arraiolos [128 A2]
Nach Arraiolos fährt man durch das Land der Steine und der Schäfer. Schon von weitem leuchtet das Städtchen auf einem Hügel, auch im Ortskern strahlen die weißblauen Häuser. Arraiolos ist für seine Teppichknüpfer bekannt, überall werden die bunten Wollteppiche angeboten.

Lohnend ist eine Übernachtung in der *Pousada Nossa Senhora da Assunção (32 Zi., Tel. 266 41 93 40, Fax 266 41 92 80, €€€),* die unterhalb des Ortes in einem ehemaligen Konvent eingerichtet ist. Sehenswert die Kapelle mit goldenem Altar.

Estremoz [128 B1] Insider Tipp
Estremoz ist in erster Linie als Töpferstadt bekannt; daran wird man spätestens auf dem Rossio-Platz erinnert, wenn man dort vor den Marktständen steht. Obwohl die Stadt mit 8000 Ew. auf den ersten Blick eher unübersichtlich und nicht schön wirkt, ist sie doch kulturhistorisch interessant: durch die mittelalterliche *Burg,* das alte *Rathaus* und nicht zuletzt durch die Pousada, die im ehemaligen *Palast* von König Dinis untergebracht ist.

Portalegre [124 B–C 3–4] Insider Tipp
Die Stadt liegt 120 km nordöstlich nahe der spanischen Grenze an den Ausläufern des Naturparks Serra do São Mamede an einem Hang. Herrliche *Adelspaläste* und *Bürgerhäuser,* ehemalige *Klöster,* ein altes *Kastell* und die von einer mittelalterlichen *Stadtmauer* umgebene Altstadt machen die Bezirkshauptstadt (16 000 Ew.) zu einem kleinen Freilichtmuseum; hübsch zum Bummeln.

Sanfte Dünen und steile Felsriffe

Mildes Klima, die Kultur der Araber und schöne Strände: Diese Mischung macht die Algarve zur beliebtesten Region des Landes

Die südlichste Provinz des Landes ist vor 700 Jahren als letzte unter die Herrschaft der portugiesischen Krone gekommen. Der 50 km breite und 150 km lange Küstenstreifen ist im Osten durch den Rio Guadiana von Spanien und im Norden durch eine Hügelkette vom Alentejo getrennt. Sie schützt die Region vor kühlen Nordwinden und macht sie so zu einem reichen Garten: Es wachsen hier Öl- und Johannisbrotbäume, Apfelsinen, Zitronen, Feigen und Mandeln. Die berühmte Mandelblüte verwandelt das Gebiet im Januar und Februar in ein rosarotes Paradies.

Auch die Küstenlandschaft ist abwechslungsreich: Im Osten gibt es ausgedehnte Sandbänke, Dünenlandschaften und Lagunen, zum Westen hin immer mehr Felsküste und steile Riffe. Die Kombination aus mildem Klima, alter Kultur und schönen Stränden hat die Algarve seit mehr als hundert Jahren zu einem beliebten Feriengebiet gemacht. Leider hat der Massentourismus große Teile der Landschaft verschandelt: Moderne Hotelkomplexe und riesige Feriensiedlungen zerstören das Landschaftsbild an der Küste.

Auch im westlichen, felsigen Teil der Algarve findet man immer wieder sandige Buchten

»Weltbeste Golfdestination«: Algarve

Doch neue Raumordnungspläne der Region sollen die romantischen Fischerorte und die ruhigen Strände so erhalten, wie es die Reiseveranstalter versprechen. So wie beispielsweise im Naturschutzgebiet bei Sagres, dort »wo das Land endet und das Meer beginnt«, etwa wenn man auf der windigen Klippe des Cabo de São Vicente steht, den Blick über das Meer gerichtet – vielleicht kann man dort empfinden, wie schön es hier einmal gewesen sein muss.

Ausführlich informiert der MARCO POLO Band »Algarve«.

Das alte Fischerstädtchen Albufeira hat sich zum Touristenort par excellence gewandelt – mit allen Vor- und Nachteilen

ALBUFEIRA

[130 C5] Albufeira gilt als Touristenort par excellence. Dabei gibt es in dem alten Fischerstädtchen (21 000 Ew.) so gut wie nichts zu sehen; das Museum wurde geschlossen, die berühmten Grotten sind eingestürzt, und die Aussichtsplattform wurde zugebaut. Dennoch hat Albufeira Charme. Auf dem kleinen Platz im alten Ortskern und in der angrenzenden Fußgängerzone herrscht reges Leben; die vielen kleinen Cafés, Restaurants und Bars sind im Sommer überfüllt und bieten genau das, was junge Leute im Urlaub suchen. Zwar ist Albufeira nicht vom Bauboom verschont geblieben, doch haben es die Städteplaner geschafft, die Neubauten dem alten Stadtbild einigermaßen anzupassen: Terrassenförmig angelegt, strahlen die weiß getünchten Häuser über dem blauen Meer.

ESSEN & TRINKEN

In Albufeira gibt es viele hübsche Restaurants; empfehlenswert: *A Ruina, Tel. 289 58 60 20,* €€ (rustikal), *As Três Palmeiras* (außerhalb in *Areias de São João,* bei Einheimischen beliebt), *Tel. 289 51 54 23,* €€.

EINKAUFEN

Jeden ersten und dritten Dienstag im Monat findet vormittags im Ortsteil Orada ein großer *Markt* statt.

ÜBERNACHTEN

Club Aldiana Algarve
Die 1998 eröffnete Bungalowanlage liegt an der Steilküste zwischen Albufeira und Vilamoura mit weitläufigem Strand. Zum Gelände gehören Golf- und Tennisplätze, es gibt einen Pool und ein Hallenbad. *285 Zi., Rocha Baixinha, Tel.*

289 54 01 00, Fax 289 54 01 99, €€€

Rocamar
Hotel über dem Meer mit herrlichem Blick über die Bucht. Der Strand ist direkt über Treppen erreichbar. *91 Zi., Largo Jacinto d'Àyet, Tel. 289 58 69 90, Fax 289 58 69 98,* €

Vila Vita Parc
Die schönste Ferienanlage der Algarve bei Armação de Pêra setzt mit hervorragendem Komfort und Service und einem einmaligen Park Maßstäbe. *158 Zi., Armação de Pêra, Tel. 282 31 53 10, Fax 282 31 53 33,* €€€

FREIZEIT & SPORT

Jeepsafaris
Fahrten ins Hinterland können u. a. über *Zebra Safari (Av. Sá Carneiro 18, Tel. 289 58 68 59, Fax 289 58 87 96, www.zebrasafari.com)* in Areias de São João bei Albufeira oder über *Portitours (Rua Teófilo Braga, Edifício Pluma, Tel. 282 41 79 78, Fax 282 41 23 85)* in Portimão gebucht werden. Viele Programme können auf Wunsch auch mit Kanus, Fahrrädern, Pferden oder Booten durchgeführt werden.

AM ABEND

Albufeira ist das Zentrum des algarvischen Nachtlebens. In der Rua dos Bares sind Sie mitten im Geschehen. Unübertroffen: *Central Station*, eine Café-Bar-Disko-Eisdielen-Kombination über zwei Stockwerke hinweg. Unbedingt gesehen haben muss man *Kadoc* (beste Disko Portugals), *IRS* (Ausstattung sehenswert) und *El Divino* (Bands werden aus Kuba eingeflogen). Ein exklusiver Tanztempel für reiferes

MARCO POLO Highlights »Algarve«

★ **Dampferfahrt nach Alcoutim**
Insider Tipp
Landschaftlich reizvolle Fahrt auf dem Grenzfluss Guadiana von Vila Real nach Alcoutim (Seite 79)

★ **Hinterland von Faro**
Die kurze Fahrt von Santa Bárbara nach Estói lohnt der schönen Landschaft wegen (Seite 78)

★ **Almansil**
In der Dorfkirche können Sie Azulejos des Barockmalers Policarpo bestaunen (Seite 78)

★ **Burgau**
Das Fischernest klebt in einer breiten Felsspalte; für einen Hafen ist kein Platz, die Boote werden einfach die Dorfstraße hochgezogen (Seite 81)

★ **Vila do Bispo**
Pfarrkirche aus dem 17. Jh. mit herrlichen Azulejos (Seite 83)

★ **Kap São Vicente**
Das südwestlichste Kap Europas ist etwas für Naturliebhaber (Seite 82)

Publikum ist der *Wa-Wa-Club* in *Vilamoura.*

AUSKUNFT

Turismo
Rua 5 de Outubro, Tel. 289 58 52 79

FARO

[131 D–E6] Faro hat zwar keine schöne Stadtsilhouette und gilt oft als reizloses Industrie- und Verwaltungszentrum (ca. 51 000 Ew.), ist aber doch eine Stadt mit Charme und viel Grün (Palmen), einem kleinen, geschützten Hafen, einer lang gezogenen Lagune und einem hübschen Stadtkern (lohnend!). Das alte Stadtviertel wird noch von mittelalterlichen Befestigungsmauern mit gewaltigen Stadttoren umringt. Mehr als 500 Jahre lang haben hier die Mauren geherrscht, bis 1249 König Afonso III sein Land von den Arabern befreite.

SEHENSWERTES

Altstadt
Am Ende der Parkanlage *Jardim Manuel Bivar* am Hafen ist der Eingang zur Altstadt: der *Arco da Vila.* In einer Nische des Renaissancetores steht eine Statue des heiligen Thomas von Aquin. Links neben dem Stadttor liegt das Touristenbüro. *Vila a dentro* ist die Altstadt; sie ist rundherum von mächtigen Befestigungsmauern umgeben. An ihrem schönen Hauptplatz *(Largo da Sé)* – hier blühen Apfelsinenbäume – steht die *Kathedrale (Mo–Fr 10–12 Uhr, So nach der Messe)* aus dem 13. Jh. Bis auf den wuchtigen Eingangsturm wurde sie 1755 durch ein Erdbeben zerstört. Heute zeigt sie ein Stilgemisch aus Gotik, Renaissance und Barock. Im Inneren: Rosenkranzkapelle mit Azulejos (17. Jh.).

MUSEEN

Museu Arqueológico e Lapidar Infante Dom Henrique
Ehemaliges Kapuzinerkloster: Gemälde, Azulejos, frühgeschichtliche Funde und römische Mosaiken. *Mo–Sa 10–18.30 Uhr, Eintritt 1,50 Euro, Largo D. Afonso III (hinter der Kathedrale)*

Museu Etnográfico
Interessante Darstellung der Lebens- und Arbeitsweise der Menschen des Landstrichs. *Mo–Sa 9 bis 12 und 14–17.30 Uhr, Eintritt 1,50 Euro, Praça da Liberdade 2*

Museu Marítimo Ramalho Ortigão
Das Marinemuseum gibt einen Einblick in Fischfangmethoden, es zeigt Bootsmodelle, Fischereiausrüstungen, Bilder der Seefahrt, Seekarten und eine Fisch- und Krustentiersammlung. *Mo–Fr 10–12 und 14–17 Uhr, Eintritt 1 Euro, Nordwesteck des Bootshafens*

ESSEN & TRINKEN

Typische Straßencafés findet man in Faro am Stadtgarten und in der angrenzenden Fußgängerzone *Rua de Santo António.* Restaurants, Kneipen und Bars in den Straßen *Rua Filipe Alistão, Rua Conselheiro Bivar* und am Platz *Ferreira de Almeida.* Dort z. B. das Gartenlokal *Sol e Jardim* (studentisch) oder das preiswerte *Centenário* in der *Rua Lethes;* beide €. Als das beste Restaurant der Stadt gilt bei Einheimischen das *O Gargalo (Largo do Pé da Cruz 30, Tel. 289 82 42 64, €€€)*. Der Jetset trifft sich im *Restaurante Camané (Praia de Faro, Tel. 289 81 75 39, €€€)*. Stilvoll (hervorragende Küche) geht es im *La Réserve* in *Santa Bárbara de Nexe* zu. Dort sitzt man auf der Terrasse und hat einen herrlichen Blick über die Dörfer um Faro *(Voranmeldung notwendig, Tel. 289 99 94 94, €€€)*.

EINKAUFEN

Faros beliebteste Einkaufsstraße ist die Rua de Santo António mit ihren vielen kleinen Nebengässchen. Am Platz *Dr. Francisco de Sá Carneiro* ist *von 6 bis 13 Uhr täglich Markt.* Mode von portugiesischen Topdesignern führt *Pecas Soltas (Praça D. Francisco Gomes).*

ÜBERNACHTEN

Hotel Eva
Direkt am Hafen, modern. *148 Zi., Av. da República 1, Tel. 289 80 33 54, Fax 289 80 23 04, €€€*

FREIZEIT & SPORT

Praia de Faro, der Strand von Faro, liegt 8 km außerhalb im Süden auf einer lang gestreckten Sandbank; hier werden Segelboote und Angelzubehör vermietet. Es gibt auch eine Windsurfingschule. Golfplätze gibt es bei den Luxusresorts *Vale do Lobo* und *Quinta do Lago Golf Club.* Beide liegen ca. 15 km westlich von Faro.

AM ABEND

Das abendliche Treiben Faros erwartet den Nachtschwärmer rund um die Straßen *Conselheiro do Bivar* und *Rua do Prior.* Dort gibt es Bars, Kneipen und Diskos für jeden Geschmack.

AUSKUNFT

Turismo
Rua da Misericórdia 8–12, Tel. 289 80 36 04, www.rtalgarve.pt

Nach dem Vorbild italienischer Barockgärten: Schlossgarten in Estói

ZIELE IN DER UMGEBUNG

Almansil **[131 D5]**
Das winzige Dorf an der Nationalstraße 125 ist wegen der nahe gelegenen ★ *Kirche São Lourenço dos Matos* berühmt. Vor rund 270 Jahren ist die ursprünglich romanische Kirche mit Azulejos des Barockmalers Policarpo de Oliveira Bernardes ausgekleidet worden.

Hinterland von Faro **[131 D–E5]**
★ Ein hübscher Nachmittagsausflug führt nach *Estói* (11 km nördlich von Faro). Der Ort ist für das kleine *Schloss* und ganz besonders für den verwilderten *Schlossgarten* bekannt. Die Anlage wurde nach dem Vorbild italienischer Barockgärten gestaltet und ist verziert mit herrlichen Azulejos, Statuen, Rokokobrunnen und Figurengruppen. Etwa 1 km außerhalb liegen die *Ruinen von Milreu (Di–So 10–12 und 14–17 Uhr, Eintritt frei),* Ausgrabungen der römischen Stadt Ossonoba. Anschließend geht es weiter in Richtung Westen durch eine herbe, trockene Landschaft nach *Santa Bárbara de Nexe:* ein winziger, sehr hübscher Ort in den Hügeln nördlich von Faro; sonntags stehen hier die Männer an der Kreuzung beisammen und diskutieren. Lohnend ist ein kurzer Blick in die *Kirche* wegen der schönen Azulejos und der vergoldeten Holzschnitzereien.

Tavira **[131 E–F5]**
Das Fischerstädtchen liegt beiderseits einer Flussmündung; eine ursprünglich römische Brücke verbindet die gleichermaßen reizvollen Stadtteile. Überragt wird Tavira von

Patrizierhäuser säumen das Flussufer im charmanten Städtchen Tavira

einem alten Kastell. Es ist ein hübsches Städtchen zum Bummeln und Kaffee trinken. Baden kann man in Tavira nur auf einer vorgelagerten Sandbank, wie überall in diesem Teil der Algarve.

Vila Real de Santo António [131 F5]
Das Städtchen ist noch kaum vom Bauboom verschandelt und hat spanisches Flair; es gibt eine Jugendherberge und ein romantisches Grandhotel. Von hier aus kann man eine landschaftlich sehr schöne, ca. 30 km lange ★ *Dampferfahrt* auf dem Grenzfluss Guadiana bis nach Alcoutim unternehmen. *Reservierung empfehlenswert*

Insider Tipp

LAGOS

[130 B5] Eine freundliche Kleinstadt auf einem eng bebauten Hügel, mit einer weißen Altstadt, vielen verwinkelten Sträßchen (nichts für Autofahrer!), einer hübsch gestalteten Fußgängerzone und vielen kleinen Plätzen, ideal zum Bummeln und Flanieren. Touristen kommen wegen der vielen kleinen Badebuchten, der nahe gelegenen Meeresgrotten, der großartigen Felsformationen und um auf den Spuren Heinrichs des Seefahrers zu wandeln. Im 15. Jh. nämlich wurde die ehemals römische Siedlung zum Ausgangspunkt des großen Weltentdeckers. Seine Schiffswerften bauten die Karavellen für die Entdeckerreisen. Vor 500 Jahren fand hier der erste europäische Sklavenmarkt statt. Knapp 200 Jahre lang – bis 1756 – war Lagos Hauptstadt der Algarve; heute ist das hübsche Städtchen (gut 16 000 Ew.) wichtiges Fischerei- und Schiffsbauzentrum.

SEHENSWERTES

Den besten Blick auf die gewaltige Stadtmauer aus dem 14. bis 16. Jh., die einen Großteil des alten Zentrums umschließt, hat man vom Landungssteg neben dem Kastell am Fischereihafen.

Marzipanmanufaktur Doreal
Die Marzipantradition in der Algarve stammt noch von den Mauren, die Mandelbäume im großen Stil anbauten. Der Besuch in der Fabrik ist ein Muss für alle Schleckermäuler. *Mo–Fr 9.30–17.30 Uhr, an der Verlängerung der Uferpromenade in Richtung Sagres*

Praça da República
Mittelpunkt der Stadt mit einer *Statue* Heinrichs des Seefahrers (1960), dem Schauplatz des ehemaligen Sklavenmarktes (unter den Arkaden am alten Zollamt), dem *Gouverneurspalast* und der *Kirche Misericórdia.*

Santo-António-Kirche
Die Barockkapelle (18. Jh.) ist als die »goldene Kapelle« bekannt – wegen ihrer rundum vergoldeten Holzschnitzereien und der herrlichen Azulejos; sie ist Teil des Stadtmuseums und wirklich sehenswert.

MUSEUM

Museu Municipal de Lagos
Neben archäologischen Funden und einigen Dokumenten aus der Stadtgeschichte hat das mit der Santo-António-Kirche verbundene Städtische Museum eine beeindru-

Para embrulhar

Die Portugiesen sind wahre Meister des Einwickelns

Einwickeln heißt auf portugiesisch *embrulhar* – und die Portugiesen packen gerne ein! *Embrulhar* ist eine kultische Handlung, sie weckt Vorfreude, verlängert den Genuss und steigert den Wert der Ware. Umständlich falten die Portugiesen die Kartons, und kunstvoll verknoten sie die Bänder. Das Verpacken selbst wird zu einer lustvollen Inszenierung, sogar in der Bäckerei, wo *bolos* und *pastéis* liebevoll eingewickelt werden, damit die verführerischen Kuchenstückchen sicher zu Hause ankommen.

ckende volkskundliche Sammlung, mit der das ländliche Leben sowie die Arbeit der Fischer anschaulich dargestellt werden (auch für Kinder sehr interessant). *Di–So 9.30 bis 12.30 und 14–17 Uhr, Eintritt 2 Euro, Rua General Alberto Carlos da Silveira*

ESSEN & TRINKEN

In der Fußgängerzone Rua 25 de Abril im Zentrum gibt es viele Restaurants. Im Sommer findet am Mercado do Levante drei Tage lang ein »Festival der regionalen Süßigkeiten« statt.

Dom Sebastião
Stilvoll-rustikal mit guter Küche. *Rua 25 de Abril 20–22, Tel. 282 76 27 95,* €€

O Galeão
Zuvorkommender Service bei Kerzenlicht. *Rua da Laranjeira 1, Tel. 282 76 39 09,* €€

Quinta dos Areões
Altes Landgut ca. 6 km Richtung Sagres, kurz hinter Espiche; volksfestartiges Ambiente mit deftigem Essen, Gesang und Tanz, mittwochs Folklore. *Mit Abholservice ab 30 Euro pro Person einschließlich Getränken, Tel. 282 78 94 51*

Restaurante Reis
Hier essen stets auch viele Einheimische – ein gutes Zeichen. *Rua António Barbosa Vianna 21, Tel. 282 76 29 00,* €–€€

Vai e Volta
Urige *tasca* für den Riesenhunger zum kleinen Preis. *Rua Infante do Sagres, Tel. 282 76 88 06,* €

EINKAUFEN

Vormittags ist in der Nähe der *Praça Gil Eanes* Fischmarkt. Jeweils am ersten Samstag im Monat findet am Ortsausgang Richtung Portimão ein *Touristenmarkt* statt.

ÜBERNACHTEN

Hotel Bela Vista da Luz
Neues Haus 6 km westlich in Praia da Luz. *164 Zi., Tel. 282 78 86 55, Fax 282 78 86 56,* €€–€€€

Hotel De Lagos
Moderne Anlage in maurischem Stil in Zentrumsnähe. Shuttleservice zum Strand. *304 Zi., Rua Nova da Aldeia, Tel. 282 76 99 67, Fax 282 76 99 20, reservas@hotelagos.pt,* €€€

Albergaria Marina Rio
36 Zimmer, versuchen Sie, eines mit Meeresblick zu bekommen! Sonnenterrasse und Pool. *Av. dos Descobrimentos 388, Tel. 282 76 98 59, Fax 282 76 99 60,* €€

FREIZEIT & SPORT

In unmittelbarer Nähe von Lagos gibt es 15 herrliche Strände, alle umgeben von gewaltigen Felsformationen; der kleinste, die *Praia dos Estudantes,* ist nur 50 m lang (es ist der zweite Strand in Richtung Sagres).

Von Mai bis Oktober finden samstagnachmittags die bei den Portugiesen beliebten *Stierkämpfe* statt. *Eintritt ab 20 Euro*

Lohnend ist ein Schiffsausflug entlang der Küste; sechsstündige Fahrt mit Mittagessen am Strand ab 30 Euro. *Veranstalter: Via Sagres, Tel. 282 76 76 41* (gegen Aufpreis auch von anderen Städten aus zu buchen).

AM ABEND

Ein beliebter Treffpunkt ist die Bar *Bon Vivant,* junges Publikum bevorzugt die Diskothek *Phoenix,* und wer laute Musik liebt, sollte in die Bar *Mullens* gehen. Die größte Diskobar in der Gegend ist das *XL. Kasino* in *Alvor* kurz vor Portimão.

AUSKUNFT

Turismo
Largo Marquês de Pombal, Tel. 282 76 30 31

ZIELE IN DER UMGEBUNG

Alvor [130 B5]
Der winzige Badeort zwischen Portimão und Lagos liegt am Mündungstrichter des Rio Alvor. Hier sollte man sich das manuelinische Portal der kleinen *Dorfkirche* ansehen. Im Geschäft *Caleidoscópio* gibt es Handtaschen, Schmuck, Krawatten und Westen aus Naturkork.

Burgau [130 B6]
★ In Burgau ist alles klein: der Strand, die Straßen und die Kneipen. Um nicht unversehens mit dem Auto im Meer zu landen – die steile Dorfstraße endet einfach im Strand –, parkt man es am besten gleich in der Nähe des winzigen Platzes (eher eine größere Kreuzung). Für die Wintermonate mieten sich hier gerne ältere Touristen ein.

Costa Vicentina [124 A4–5] Insider Tipp
Sie ist besser als ihr Ruf, die Westküste der Algarve zwischen Odeceixe und Sagres, an der sich selbst im Sommer nur wenige Besucher blicken lassen. Doch es wird langsam besser, und auch die Einheimischen rücken mehr und mehr von ihrem Vorurteil ab, dass an dieser Küste nur Hunde und Touristen im Meer badeten. Der Wind bläst hier kräftig, die Wogen des Atlantiks brechen sich an den Klippen, rollen gegen Felsen oder laufen sich im weichen Sand tot. Wer die vielen Gesichter des Meeres kennen lernen

will, erhält hier kostenlosen Anschauungsunterricht. Wo immer man die Hauptstraße N 120, später N 268 verlässt und die paar Kilometer nach Westen Richtung Atlantik fährt, überall stößt man auf eine Küste, wie sie unsere Phantasie nicht schöner erfinden könnte.

Ist die *Praia de Monte Clérigo* westlich von Aljezur noch einladend und erstreckt sich der Strand auf der Höhe von *Carrapateira* vor einer weiten Dünenlandschaft, so ist die *Praia do Castelo* vor Vila do Bispo nur über Pfade, vorbei an hohen Felsen, zu erreichen. Allerdings entschädigt der Blick auf das Felsenmeer und die schroffe Klippenlandschaft für alle Mühen. Hier erhält der Besucher einen Vorgeschmack auf das nahe gelegene Cabo de Sao Vicente.

Ponta da Piedade **[130 B5–6]**
Zur Ponta da Piedade kann man zwar auch mit dem Auto fahren, doch schöner ist eine Bootsfahrt entlang der zerklüfteten Steilküste zum Kap mit seinen skurrilen Felsbildungen. In der Saison, von Mai bis Oktober, fahren einheimische Fischer Touristen zu den Meeresgrotten. *Abfahrt am Kai von Lagos, Preis pro Boot ab 25 Euro*

Portimão **[130 B5]**
Geschäftige Hafenstadt (ca. 45 000 Ew.) ohne besonderen Charme. Nur im August, während des »Festival da Sardinha«, kann man erahnen, wie es hier einmal zugegangen sein muss.

Praia da Rocha **[130 B5]**
Schon um die Jahrhundertwende hat Praia da Rocha mit seinen ausgedehnten, feinsandigen Stränden und herrlichen Felsformationen Touristen angezogen. Heute ist der Badeort von Hoch- und Apartmenthäusern übersät. Einen Blick lohnt aber immer noch die gediegene *Stadtvilla Bela Vista,* ein Hotel garni *(14 Zi., Av. Tomás Cabreira, Tel. 282 45 04 81, Fax 282 41 53 69, €€€).* Das Treppenhaus mit seinen Azulejos aus dem 19. Jh. ist sehenswert, ein Drink auf der Terrasse mit Blick auf den breiten Strand lohnend.

Sagres **[130 A6]**
Nicht der Ort an sich (4000 Ew.), sondern die Fahrt dorthin ist lohnend. Schöner als die Hauptstraße ist die Strecke über Luz, Burgau und Salema (von Burgau nach Salema gibt es allerdings nur einen Schotterweg). In rauer, herber Landschaft liegt Sagres nahe am ★ *Kap São Vicente,* dem südwestlichsten Punkt Europas (Besichtigung des Leuchtturms – allerdings nicht immer geöffnet).

An der nahe gelegenen *fortaleza* soll Prinz Heinrich seine Seefahrerschule gegründet haben. Man wird vergeblich nach den Überresten suchen, weil es sie hier nie gegeben hat. Außerdem sind erst kürzlich neue Ausstellungsräume auf den Ruinen ehemaliger Wirtschaftshäuser gebaut worden. Auf den Klippen angeln die Fischer bei jedem Wetter. Die gewaltige *Windrose* gleich links vom Eingang der Festung soll bei Mondschein magische Kräfte haben. Jeden ersten Freitag im Monat ist *Markt* in Sagres.

Serra de Monchique **[130 B4–5]**
Nur bei gutem Wetter sollte man die kurvenreiche Fahrt in den alten Thermalkurort Caldas de

Windumtost markiert der Leuchtturm am Kap São Vicente Europas Ende

Monchique mit Fin-de-Siècle-Atmosphäre 30 km landeinwärts unternehmen. Hier bestehen gute Wandermöglichkeiten. Herrlich ist die Mimosen- und Kamelienblüte im Winter. Einkehren kann man im Restaurant *Biça Boa (Tel. 282 91 22 71, €€)* im nahen Bergdorf *Monchique*, um dort auf der Sonnenterrasse zu entspannen. Von Monchique führt ein Kreuzweg zum oberhalb gelegenen, verfallenen *Kloster Nossa Senhora de Desterro*. Von Mitte Juli bis Mitte September werden *geführte Wanderungen* und *Mondscheinwanderungen* angeboten *(Tel. 282 91 10 41, Erwachsene 20 Euro, Kinder 12 Euro)*.

Silves **[124 C5]**

Das alte Städtchen am rechten Ufer des Rio Arade lebt von seiner römischen und maurischen Vergangenheit. Damals eine Stadt mit 30 000 Ew. (heute ca. 10 000), galt Xelb als die schönste Stadt des arabischen Spaniens. Geblieben sind die aus rotem Sandstein errichtete maurische *Burg* mit den Luftschächten für die unterirdischen Zisternen, die älteste *Kathedrale* in der Algarve und das sehenswerte *Archäologische Museum*. Belohnt wird der Besucher mit der schönen Aussicht vom *Castelo* über Korkeichen und Orangenplantagen auf die Hügellandschaft der Serra de Monchique.

Vila do Bispo **[130 A5–6]**

★ Die barocke Pfarrkirche des Städtchens mit sehenswerten Azulejos und vergoldeten Holzschnitzereien stammt aus dem 17. Jh. Für die gute Wasserqualität und die Sauberkeit des Strandes wurde Vila do Bispo mehrfach ausgezeichnet.

Viel Natur und ein Liebeswäldchen

Die Touren sind in der Karte auf dem hinteren Umschlag und im Reiseatlas ab Seite 114 grün markiert

1 DREI TAGE DURCH DAS GRÜNE PORTUGAL

Diese rund 500 km lange Rundtour führt von Porto an der Küste nach Norden zur spanischen Grenze. Am nächsten Tag steht der urtümliche Peneda-Gerês-Nationalpark im Mittelpunkt, während der dritte Tag vor allem der Portweinlandschaft am Douro gewidmet ist. Um ausreichend Zeit für Besichtigungen, ein Bad im Meer oder in den Stauseen und Spaziergänge zu haben, sollten Sie mindestens drei Tage einplanen.

Schönheit und Zauber der »grünen Küste« nehmen Sie gefangen, sobald Sie Porto auf der Schnellstraße IC 1 in Richtung Norden verlassen. Die kleine Provinzstadt *Vila do Conde* lohnt einen ersten Stopp (mittwochs ist Markttag), denn dort können die Pfarrkirche mit manuelinischem Portal und das ehemalige Kloster Santa Clara besichtigt werden – oder Sie nehmen am feinsandigen Strand ein kühles Bad. Von Vila do Conde aus führt ein 7 km langes Aquädukt (999 Bogen) nach *Póvoa de Varzim,* einem benachbarten Fischerstädtchen und Geburtsort von Eça de Queirós (1845 bis 1900), dem berühmtesten portugiesischen Romanschriftsteller des 19. Jhs. Weite Teile des Aquädukts sind noch erhalten und auch von der Straße aus gut sichtbar.

Zurück auf der Hauptstraße in Richtung Norden, kurz hinter Apúlia und *Ofir (S. 30)* mit schönem Badestrand, überqueren Sie auf einer engen Brücke kurz vor seiner Mündung den Cávado-Fluss und kommen nach *Esposende,* einem schönen Seebad (weiter Sandstrand). Die Fahrt von Esposende nach Viana do Castelo gibt einen kleinen Vorgeschmack darauf, was Sie weiter im Norden des Landes erwarten wird: blühende Gärten, Kohl-, Kartoffel- und Maisfelder mit *espigueiros,* den typischen Vorratsspeichern aus Granit, Weinlauben, waldreiche, grüne Berge; links glitzert ab und zu das Meer herüber.

Viana do Castelo (S. 35) liegt am Fuß des Monte Santa Luzia und ist unbedingt einen Besuch wert. Mindestens die Zeit für einen Bummel zum Marktplatz (freitags

Kloster von Alcobaça: Highlight auf der Tour durchs Hinterland Coimbras

Markttag!) und entlang der Promenadenanlage am Fluss sollten Sie sich nehmen.

Hinter Viana do Castelo führt die Straße ganz dicht am Meer entlang nach *Caminha*, einem Fischerort am Meer mit der schönsten Pfarrkirche dieser Gegend. Hier verlässt die Route die Küste und führt an der weiten Mündung des Minhoflusses entlang ins Landesinnere. Nun wird die Landschaft immer schöner: Ruhig fließt der Fluss dahin, am gegenüberliegenden spanischen Ufer erhebt sich majestätisch der Berg *Monte Santa Tecla* mit über 1000 Rundhäusern einer ausgegrabenen Keltensiedlung (Überfahrt 2,50 Euro). Die Friedhöfe mit den kapellenartigen Gräbern auf der portugiesischen Seite unterstreichen das friedvolle Bild des Tales. Auf keinen Fall sollte man den weiten Blick von der Festungsanlage in *Valença do Minho (S. 37)* hinunter auf den Fluss und hinüber nach Galicien versäumen. Das Grenzstädtchen ist auch ein geeigneter Ort für die Übernachtung.

Insider Tipp

Oder Sie nehmen Abschied vom Minhotal und fahren noch 40 km weiter auf der Straße 201 hinunter nach *Ponte de Lima*, wo Sie die römische Brücke des idyllischen Städtchens mit schönen graniten Häusern überqueren. In alten Herrenhäusern *(solares)* kann man sich hier einquartieren, beispielsweise in der *Casa das Torres* bei Facha, 8 km südwestlich von Ponte de Lima. Der *solar* inmitten der immergrünen Landschaft ist beispielhaft für die barocke Architektur in Portugal. Er bietet drei Schlafzimmer, ein Apartment für vier Personen, Swimmingpool und Billard. Auskunft über diesen und weitere *solares* bei *Turihab* in *Ponte de Lima (Praça da República, Tel. 258 74 16 72, Fax 258 74 14 44, www.solares-de-potugal.com)*.

Insider Tipp

Am nächsten Tag geht es am Limafluss entlang nach *Ponte da Barca* (Spaziergang am Flussufer!), dem Ausgangspunkt für einen Ausflug in den *Peneda-Gerês-Nationalpark (S. 31 und 37)*. Es gibt mehrere Zufahrten zu dieser herrlichen Wald- und Gebirgslandschaft mit tiefen Schluchten, großen Stauseen und seltenen Tier- und Pflanzenbeständen. Unsere Route wählt den Eingang in Entre Ambos os Rios und führt am Lima aufwärts, vorbei an den Steinhäusern von Cidadelhe, über Lindoso und das spanische Lobios bis zum Pass Portela do Homem und dann die Römerstraße am Stausee von Vilarinho das Furnas entlang bis nach Covide, São Bento (Rast in der Pousada) und *Braga (S. 27)*. Hier, in der alten Residenz portugiesischer Könige und Erzbischöfe, unterbrechen Sie die Fahrt – auch wenn Braga von weitem wie eine moderne Industriestadt anmutet. Nach den Naturerlebnissen des Nationalparks werfen Sie wieder ein paar Blicke auf die Geschichte des Landes (keltische Siedlung, Kathedrale) sowie auf einige Kunstdenkmäler (Bischofspalast, alte Herren- und Bürgerhäuser). Restaurants und Hotels sind in ausreichender Zahl vorhanden.

Von Braga nach *Guimarães (S. 30)* brauchen Sie tags darauf maximal eine halbe Stunde. Auf keinen Fall dürfen Sie durch die Wiege Portugals einfach nur hindurchfahren, denn hier wurde das Königreich Portugal gegründet, und die Besichtigung der Burg ist allemal lohnend. Das Weinstädtchen

Amarante an der N 101 am Ufer des Tâmega macht dann wieder empfänglich für Naturschönheiten. An der waldreichen, wildromantischen Serra do Marão entlang geht es auf der N 101 nach *Peso da Régua (S. 45)*, dem Zentrum des »Pais do Vinho«, der Portweinregion. Von hier lohnt ein Abstecher: Eine einstündige Bahnreise in alten Triebwagen führt durch ein besonders schönes Weingebiet nach *Vila Real (S. 40)*. Die Hin- und Rückfahrt kostet etwa 4 Euro und ist ihr Geld wert.

Wieder in Régua, geht es auf der landschaftlich sehr schönen, jedoch kurvenreichen Straße nach *Lamego (S. 45)*, einer kleinen Provinzstadt, die sich noch ganz ihren alten Charme bewahrt hat. Der Kreuzgang am Berg ist in dieser Region des Landes das beliebteste Fotomotiv.

Bei der Rückfahrt nach Porto bleiben Sie auf der linken Seite des Douro und fahren auf der N 222 im bezaubernden Flusstal von Barro Insider Tipp nach *Resende* (romanische Kirche) und nach *Castelo de Paiva* (prachtvolle Quinta da Boa Vista). In Entre-os-Rios überqueren Sie den Douro und fahren auf der N 108 zurück nach Porto.

2 AUF DEN SPUREN VON PORTUGALS EINZIGARTIGEM LIEBESPAAR

Die rund 240 km lange Tagestour steht ganz im Zeichen von Pedro und Inês, Portugals tragischem Liebespaar des Mittelalters. Neben allerlei romantischen Schauplätzen der verbotenen Tête-à-têtes lernen Sie die bedeutendsten Klöster und Burgen Mittelportugals kennen. Ausgangs- und Endpunkt ist die alte Universitätsstadt Coimbra.

Er: verheiratet. Sie: eine Cousine seiner Frau. Es war Liebe auf

Fahrt durchs Dourotal: lieblicher Ausklang der Tour durch den grünen Norden

Bibliothek in Coimbra: barocke Bücherregale und brasilianisches Blattgold

den ersten Blick – noch vor seiner Hochzeit. Doch die geplante Trauung mit Konstanze konnte er unmöglich absagen: familiäre Verpflichtungen. Sein Vater hätte ihn wahrscheinlich enterbt. Also mussten sich die Liebenden heimlich treffen. Es war eine leidenschaftliche Verbindung, eine Liebe bis in den Tod. Denn Inês wurde umgebracht. Brutal ermordet. Im Auftrag seines Vaters. Tatort: ihr geheimer Treffpunkt im kleinen Jagdwald bei Coimbra, der berühmtesten Universitätsstadt Portugals.

Die Geschichte von Pedro und Inês ist Portugals rührendste Liebesgeschichte – und sie ist tatsächlich so passiert. Pedro, der Königssohn, rächte den Tod seiner Geliebten, indem er den Vater, Alfonso IV, bekriegte und den Mördern von Inês die Herzen aus dem Leib riss. Als er einige Jahre später selbst König wurde, ließ er die tote Inês exhumieren, schminken, stattete sie feierlich aus und krönte sie nachträglich zur Königin – Liebe also über den Tod hinaus.

Tausende junge Pärchen pilgern jährlich in *Coimbra* zur *Quinta das Lágrimas (S. 50)* in das kleine Wäldchen, in dem sich Pedro und Inês immer heimlich getroffen haben, an jene Stelle, an der das grausame Verbrechen geschehen ist. Hier, an der »Quelle der Tränen«, schwören sie sich ewige Liebe. Romantischer geht es kaum, wenn in heißen Sommernächten eine kühle Brise die Blätter des Bambushains rascheln lässt und sich die Silhouetten der Verliebten im Wasser des Teichs spiegeln. Der kleine Wald mit den alten, exotischen Bäumen und verwunschenen Brunnen steht allen Besuchern offen, obwohl das Gelände in Privatbesitz ist: Mitten im Hain steht ein altes Herrenhaus *(S. 51)*, in dem schon so mancher

König residierte. Wer das nötige Kleingeld hat, kann sich im renovierten Palais einmieten und die Geschichte des Liebespaares in aller Ruhe am Kaminfeuer des kleinen Salons oder in der alten Bibliothek nachlesen.

Von Coimbra aus geht es über *Leiria (S. 54)*, wo einst König Dinis I, der Großvater Pedros, hoch über der Stadt im königlichen Schloss residierte, zunächst nach *Batalha (S. 53)*, einem Kloster, das von der Unesco zum Weltkulturgut erklärt wurde. Pedros illegitimer Sohn hatte es erbauen lassen, als Dank für den Sieg über die Kastilier in der Schlacht (portugiesisch: *batalha*) von 1385. Als João I begründete er die Dynastie Avis und sicherte Portugal die Unabhängigkeit. Der gewaltige Klosterbau ist mit den vielen Türmen, Kuppeln, Säulen, Pfeilern und Baldachinen, geschmückt mit wunderschönen manuelinischen Ornamenten, nicht nur ein herrliches Denkmal portugiesischer Spätgotik, sondern auch ein Symbol für den Freiheitswillen der Portugiesen.

Wie heiß und innig die Liebe des Königssohnes zu seiner Inês wirklich gewesen sein muss, begreift man erst, wenn man im Klosterbau von *Alcobaça (S. 52)*, einer verschlafenen Kleinstadt ca. eine halbe Autostunde von Batalha entfernt, die Sarkophage des Liebespaares betrachtet. Denn hier stehen die Särge der Liebenden Fuß an Fuß so, dass sich Pedro und Inês am Jüngsten Tag gleich wieder in die Augen blicken können. Auch dieses Kloster hat die Unesco zum Weltkulturgut erklärt. In der großen Abtei waren ständig, wie die Ordensregel es vorschrieb, 999 Ordensbrüder anwesend. Sie widmeten sich neben Gebet und Meditation bis zur Säkularisierung 1834 dem Unterricht in öffentlichen Schulen, der Krankenpflege und vor allem der Landwirtschaft, sodass die ganze Gegend zum vorbildhaften Wein-, Obst- und Gemüseanbaugebiet wurde.

Über *Fátima (S. 55)*, den Pilgerort mit der winzigen Erscheinungskapelle auf dem überdimensionalen Platz vor der neoklassizistischen Basilika, geht es weiter nach *Tomar (S. 54)*, der Hauptstadt der Tempelritter. Hier hatte Dinis I, der Großvater Pedros, den Christusritterorden »zur Verteidigung des Glaubens, zur Bekämpfung der Mauren und zur Vergrößerung der portugiesischen Monarchie« gegründet. Anhand der Christusritterburg, einer der schönsten Klosteranlagen des Landes, kann die enge Verbundenheit des Ordens mit der portugiesischen Geschichte studiert werden. Heinrich der Seefahrer, ein Enkel Pedros und selbst Großmeister, konnte nur mit der finanziellen Hilfe des Ordens die Entdeckungsreisen organisieren.

Auf dem Rückweg nach Coimbra (nehmen Sie nicht die Autobahn, sondern die landschaftlich schönere Strecke über Pontão) kommen Sie an *Conimbriga (S. 51)*, dem »portugiesischen Pompeji«, vorbei, der größten römischen Ruinenstadt Portugals mit Toren, Häusern, Hallen und vor allem mit wunderschönen farbigen Mosaiken.

Zurück in Coimbra können Sie noch einmal zum Konvent Santa Clara spazieren, wo Inês einst lebte, und nach dem kleinen Bach suchen, auf dem Pedro seine Liebesbriefe an Inês schickte.

98
DGD

Surf and Turf – und natürlich Golf

Am, auf oder im Atlantik: Mehr als 80 km Ozeanküste locken die Wassersportler. Doch das Hinterland ist nicht weniger spannend

Portugal ist ein Paradies für Sportler. Die verschiedenartigen Landschaften und das günstige Klima ermöglichen fast jede Sportart: Da laden zum einen die Ebenen und Flusstäler zum Wandern, die Flüsse zum Kanufahren, die Berge zum Klettern und die steilen Hänge zum Drachenfliegen ein. Andererseits lockt das Meer zum Angeln, Schwimmen und Tauchen, zum Surfen, Wellenreiten und Segeln. Und im Landesinneren gibt es Möglichkeiten, den Pferde- oder Fahrradsattel zu besteigen. Das Nonplusultra sind die 50 Golfplätze, auf denen wegen des milden Klimas das ganze Jahr gespielt werden kann.

ANGELN

Die zahlreichen Flüsse und Bäche sowie die Fischgründe vor der Algarveküste mit über 200 Fischarten machen Portugal auch für Angler zum attraktiven Ziel. Auskunft erteilen u. a.: *Clube de Caça e Pesca (Largo da Alegria 13, Covilhã, Tel./Fax 275 31 54 02); Centro de Formação Náutica de Recreio (Cabedelo, Figueira da Foz, Tel. 233 43 00 55); Cepemar (Rua António Dias Cordeiro 1, Portimão, Tel./Fax 282 42 53 41).* Infos im Internet: *www.portugal-pt.com/fishing*

Wer sich gern im, am oder auf dem Wasser tummelt, hat mit Portugal das richtige Ziel gewählt

BERGSTEIGEN

Fürs Bergsteigen ist die *Serra da Estrela* prädestiniert. Es gibt viele Unternehmen, die an Ort und Stelle Einführungs- und Übungskurse, Bergtouren und Ausrüstung anbieten, z. B. *Rotas na Estrela (apartado 388, Covilhã, Tel./Fax 275 31 48 86, carlossousa@mail.telepac.pt)* oder *Outra Dimensão (Sítio do Cadaval, apartado 22, Manteigas, Tel./Fax 275 98 24 38).*

GOLF

Wenn sich auch auf den beliebten Rundreisen zu verschiedenen Golfplätzen die Gelegenheit bietet, ganz Portugal »spielend« kennen zu lernen, so gibt es doch drei Regionen, in denen Golf von allen Sportarten an der Spitze steht: Da sind einmal die Golfplätze in Miramar und Espinho, beide ein paar Kilometer südlich von Porto gelegen. Sie gehören zu den ältesten und schönsten des Landes. In *Miramar* (9 Löcher, Par 34, 2573 m) kann man fast ständig den Blick über Strand und Meer schweifen lassen. Der Platz in *Espinho* gehört dem Oporto Golf Club. Mit 18 Löchern, nur 5668 m für ein Par 71 und engen Fairways stellt der Platz hohe Anforderungen, zumal der Nordwind den Spielern oft ins Gesicht bläst.

Dann die Golfplätze rund um Lissabon: Ohne die anderen gering zu schätzen, seien auch hier zwei besonders schöne herausgegriffen: Der Platz in *Estoril* mit 18 Löchern und 5238 m für ein Par 69 zählt zu den bekanntesten in Portugal. Spieler, die sich die geforderte Präzision noch nicht zutrauen, können Erfahrungen auf einem 9-Loch-Platz sammeln. Der Golfplatz in *Aroeira*, südlich vom Tejo, ist beliebt wegen der vier Seen, der Pinienhaine und der Vielfalt von Blumen und Vögeln. Mit 18 Löchern und 6040 m Länge für ein Par 72 stellt er hohe Anforderungen an die Spieler.

Die Algarve schließlich wurde 1999 als beste Golfdestination der Welt ausgezeichnet. Mit an der Spitze steht der Golfplatz von *Penina* (18 Löcher, Par 73, 6439 m). Ergänzt wird die wunderschöne Anlage mit einem Bestand von Tausenden von Bäumen durch zwei 9-Loch-Plätze. Der Golfplatz in *Alto Golf* fordert mit 18 Löchern, Par 72 und 6125 m den Profis alles ab, bietet aber auch den Laien Möglichkeiten, schöne Spiele zu absolvieren.

Informationen über Golf in Portugal: »Golfplätze in Portugal«, kostenlos beim *Portugiesischen Touristikamt (Schäfergasse 17, 60313 Frankfurt, Tel. 069/23 40 94, Fax 23 14 33)* und im Internet: *www.nexus-pt.com/golf/golf.htm; www.ecs.net/golf/portugal/clubs.html*

KANUSPORT

Kanusport wird auf vielen Flüssen Portugals betrieben, besonders aber auf dem *Rio Vouga*, der bei Aveiro in den Atlantik mündet. Ein empfehlenswerter Anbieter ist hier *Outr'Atitude, Desporto Lazer, Turismo e Aventura (Rua Bento Moura 1, Esgueira, Aveiro, Tel. 234 31 67 64, Fax 234 31 67 65, www.outratitude.pt)*. Informationen zum Kanusport im Internet: *www.glaciaraventura.com; www.terravista.pt/ancora/1847*

Inside Tipp

PARAGLIDING

Die *Serra da Estrela* bietet nicht nur die Möglichkeit des mühevollen Aufstiegs, sondern auch die des sanften Hinuntergleitens in die Täler. Infos über Paragliding in Portugal: *www.geocities.com/MotorCity/1363/*. Einführungskurse: *Cherras – Desporto & Aventura (Av. Dr. António José de Almeida 218, Viseu, Tel./Fax 232 43 18 59)*

RADFAHREN

Es gibt zahlreiche Tourenvorschläge verschiedener Schwierigkeitsgrade durch das ganze Land. Für Mountainbiker ist vor allem die *Serra de Sintra* zu empfehlen, wo Strecken für Anfänger und Fortgeschrittene ausgeschildert sind. Infos im Internet: *www.setemares.pt/cicloturismo*

Inside Tipp

REITEN

Ob an der Küste oder im Landesinneren, überall finden Erwachsene und Kinder im Reiterland Portugal die Möglichkeit, sich auf den Rücken eines Pferdes oder Ponys zu schwingen. Wer richtige Reiterferien machen will, kommt um das *Alentejo* nicht herum. Hier kann man beispielsweise auf dem Lusitanergestüt *Centro Equestre A Cavalariça de Chancelaria (Rua da República 27, Chança, Alter do Chão, Tel. 245 63 73 29)* das Reiten lernen, seine Fähigkeiten verbessern und Gast bei den Dressurvorführungen sein.

Strandausritt an der Algarve oder Reitferien im Alentejo: Portugal gilt als Reiterland

SEGELN

Hoch geschätzt bei Seglern ist die gesamte Küste der Algarve und weiter Richtung Norden über Vila Nova de Milfontes bis nach Lissabon, wo zur Expo 1998 der 13. Yachthafen an diesem Küstenabschnitt gebaut worden ist. Und obwohl sich langsam herumspricht, was für ein wunderbares Segelrevier die portugiesische Küste ist, bleibt die Bootsdichte erträglich, sowohl auf dem Wasser als auch in den Häfen.

SURFEN UND WELLENREITEN

Windsurfer und Wellenreiter finden an der 832 km langen, abwechslungsreichen und vielgestaltigen Atlantikküste immer wieder ideale Bedingungen. Bei Surfern besonders beliebt ist der Strand von *Guincho,* wo alljährlich die Weltmeisterschaften im Brandungssurfen stattfinden. Allgemeine Informationen im Internet über *www.ip.pt/surf/.*

TAUCHEN

Wer hohe Ansprüche stellt, sei auf die *Costa Azul* von Peniche bis zum Cabo Espichel verwiesen. Hier gibt es Tauchzentren mit Schulen für Anfänger und Fortgeschrittene, z. B. *Mergulhão (Rua António Cervantes 51, Peniche, Tel./Fax 966 00 84 87).* Ein empfehlenswerter Anbieter in der Algarve ist *Divers Cove Portugal (Quinta do Paraíso, Praia do Carvoeiro, Lagoa, Tel. 282 35 65 94, Fax 282 35 65 89, www.diverscove.de).*

WANDERN

Wandern kann man überall in Portugal, sei es entlang der Küste, durch die Korkeichenwälder des Alentejo, durch die Weinberge im Dourotal oder durch Trás-os-Montes, das Land hinter den Bergen. Doch keine Region bietet dem Wanderer mehr als der *Nationalpark Peneda-Gerês.* Zu allen Jahreszeiten bietet das Naturreservat Außergewöhnliches, seien es wild lebende Tierarten, besondere Vögel, seltene Pflanzen, eigenartige Felsgebilde oder kleine Wasserfälle. Ausführliches Informationsmaterial beim *Serviço da Parque Nacional (Quinta das Parretas, Tel. 253 20 34 80, Fax 253 61 31 69)* und unter *www.rtam.pt.*

»Stark für Familien« heißt ein Slogan

Für die Portugiesen ist es eine Selbstverständlichkeit, dass die Kinder im Lokal herumtollen – schließlich sind sie »die Flügel der Menschheit«

Portugal ist ein sehr kinderfreundliches Land. Eltern müssen weder in öffentlichen Verkehrsmitteln oder Geschäften noch in Museen oder Restaurants befürchten, der Kinder wegen scheel angesehen zu werden. Für Portugiesen ist es eine Selbstverständlichkeit, dass Kinder nach dem Essen im Lokal herumtollen und ihrer Energie freien Lauf lassen. »Kinder sind die Flügel der Menschheit«, weiß eine portugiesische Redensart: Sie bringen Bewegung in den erstarrten Alltag. Deshalb werden sie nicht nur geduldet, sondern in ihrem kindlichen Tun bestärkt und ermutigt.

COSTA VERDE

Bracalândia **[114 C4]**
An der Hauptstraße von Braga nach Bom Jesus liegt der mit 53 000 m² größte Freizeitpark Portugals. Bracalândia bietet Jung und Alt in über 30 Stationen zu Land, zu Wasser und auf dem Riesenrad außerordentliche Unterhaltung. Die Besucher bezahlen den Eintritt ins Gelände und können dann alle Attraktionen nutzen, so oft sie wollen. *Tgl. 10–20 Uhr, Eintritt bis 4 Jahre frei, von 5 bis 12 Jahren 7,50 Euro, Erwachsene 9,25 Euro, Abendöffnung 20–24 Uhr zu ermäßigten Preisen, www.bracalandia.com*

Das portugiesische Motto »Kinder sind die Flügel der Menschheit« sorgt für fröhliche Kindergesichter

Dourokreuzfahrten **[114 B6]**
Zurzeit werden in Porto 28 verschiedene Kreuzfahrtprogramme auf dem Douro angeboten. Kinder zwischen zwei und elf Jahren zahlen die Hälfte des Erwachsenenpreises. Alle kurzen Bootsfahrten sowie die eintägigen kombinierten Bahn- und Schiffsreisen können Familien mit Kindern empfohlen werden. Informationen: *Douro Azul in Porto (Rua de São Francisco 4, 2° direito, Tel. 222 08 34 07)* und *Via Douro in Matosinhos (Rua Álvares Pereira 20, Tel. 229 38 88 16)*

Parque Animal Quinta de Santo Inácio **[118 C1]**
Ein schön angelegter Tierpark mit exotischen und seltenen Tieren in Avintes wenige Kilometer südöstlich von Porto. Auch für Kinder geeignet. *Tgl. 10–19 (Winter bis 17) Uhr, Eintritt 5,40 Euro, Kinder 2,90 Euro*

Segeln und Surfen für Kinder

Dass Segeln und Surfen nicht nur ein Betätigungsfeld für Erwachsene ist, hat sich auch in Portugal herumgesprochen. Unternehmen, die Segel- und Surfkurse auch für Kinder bzw. für Familien anbieten und Geräte verleihen, finden Sie in fast allen Küstenstädten. Drei Segel- bzw. Windsurfschulen, die sich auf Kinder spezialisiert haben, sind *Sport Clube do Porto in Leça da Palmeira* **[114 B6]** *(Molhe Norte da Marinha, Porto Atlântico, Tel. 229 95 22 25, Fax 22 29 96 20 86), Clube Náutico de Viana in Viana do Castelo* **[114 B3]** *(Lugar de Argaçosa, Meadela, Tel. 258 82 76 52)* und *Afluente/Desporto e Natureza in Caminha* **[114 B2]** *(Lugar de Sentinela, Lanhelas, Tel./Fax 258 72 70 17, www.angelfire.com/biz/afluente*

COSTA DE PRATA

Centro Equestre Francisco Alcaide **[122 C1–2]**

Auch für Kinder ist Portugal ein Reiterland. In dieser Reitschule in Leiria werden ihnen in wenigen Tagen die Grundbegriffe des Reitens vermittelt, und der Urlaub auf den Rücken der Pferde kann für die ganze Familie zu einem Erlebnis werden. *Ortigosa, Leiria, Tel./Fax 244 61 42 76*

Portugal dos Pequenitos **[118 C5]**

»Portugal für die Kleinen« liegt in Coimbra in unmittelbarer Nähe der Kirche Santa Clara-a-Velha und zeigt maßstabgerecht verkleinert die berühmtesten Bauten Portugals und der ehemaligen Kolonien. So gewinnen auch Kinder schnell einen Überblick über die Kulturgeschichte des Landes. *Tgl. 9–19 (Winter bis 17.30) Uhr, Eintritt 1,50 Euro, Kinder 1,25 Euro, Rossio de Santa Clara*

LISSABON

Cabo da Roca **[126 A2]**

»Hier … wo das Land aufhört und das Meer beginnt« (Luís de Camões) erleben besonders Kinder und Jugendliche die Weite und die Gewalt des Meeres. Man kann den Leuchtturm auf dem 140 m hohen Felsenkap besteigen und den eindrucksvollen Rundblick auf Meer und Küste genießen. Unmittelbar neben dem Leuchtturm gibt es beim *Turismo (tgl. 9–18.45 Uhr)* für 3 Euro eine Urkunde, die mit Namen und Datum den Besuch am westlichsten Punkt des europäischen Festlands bestätigt. Insider Tipp

Centro Hípico da Quinta da Bicuda **[126 A2]**

In diesem Reitzentrum bei Cascais werden Kinder auf Ponys in die Kunst des Reitens eingeführt. *Quinta da Bicuda, Torre/Cascais, Tel. 214 87 14 03*

Feira Popular de Lisboa **[O]**

Den kleinen Rummelplatz nördlich des Zentrums mit Autoskootern, Karussells etc. hat man den »Prater Lissabons« genannt. *Mo–Fr 19–1, Sa/So 13–1 Uhr, Eintritt frei, Metro: Entre Campos*

Jardim Zoológico **[O]**

Lissabons Zoo ist mit über 2000 Tierarten und wegen der vielen Shows und Fütterungen (Delphine, Seelöwen, Reptilien) für Kinder ein Insider Tipp

Delphinshows, Kindersurfen, Aquaparks: viel zu tun für kleine Wasserratten

Erlebnis, zumal die ganze Familie Seilbahn fahren und sich im Unterhaltungspark kostenlos tummeln kann. *Tgl. 9–20 (Winter bis 18) Uhr, Eintritt 5 Euro, Kinder 3,50 Euro, Metro: Jardim Zoológico*

Museu das Crianças **[O]**
Das Kindermuseum ist im ersten Stock des Museu de Marinha (Marinemuseum) in Belém untergebracht. Es ist ein didaktisch gut durchdachtes Museum, in dem Kinder ab sechs spielerisch in Geschichte und Naturkunde eingeführt werden. Die Kinder können die Objekte nicht nur betrachten, sondern mit ihnen in verschiedenen Sälen experimentieren. So ist beispielsweise der *sótão* (Dachboden) mit Kleidern und Hausrat aus verschiedenen Epochen sehr beliebt, weil die Kinder vergangene Zeiten selbst heraufbeschwören und hautnah erleben können. *Sa/So 10–17 Uhr, Di–Fr 10–17 Uhr nur für Gruppen nach Voranmeldung (Tel. 213 86 49 23 oder 213 88 42 35), Eintritt 4 Euro, Kinder 2,50 Euro, Praça do Império*

ALGARVE

In der Algarve hat man in den letzten Jahren viel für Familienreisen getan. »Stark für Familien« heißt ein Werbespruch, und die meisten Hotels und Clubanlagen locken nicht nur mit Kinderermäßigungen, sondern bieten auch separate Planschbecken, Spielecken, Spaß-, Sport- und Animationsprogramme. Auch außerhalb der Hotels haben die Kids ihren Spaß, denn fast alle Strände von Monte Gordo bis nach Salema sind kinderfreundlich und gefahrenlos.

Aquaparks
Mehr als ein Dutzend dieser Wasservergnügungsparks reihen sich in der Algarve entlang der N 125. Der Eintritt liegt für Erwachsene um 7,50 Euro, für Kinder meist bei 5 Euro.

Angesagt!

Was Sie wissen sollten über Trends, die Szene und Kuriositäten in Portugal

Madredeus – melodisch, melancholisch, emotional

Von allen portugiesischen Musikgruppen hat letztlich nur »Madredeus« den Sprung in den deutschen Plattenmarkt geschafft. Das Ensemble brachte mit seinen Klängen etwas völlig Neues auf den portugiesischen Musikmarkt: die portugiesische Antwort, emotional und melancholisch, auf den amerikanischen Rock der Siebzigerjahre.

Cervejarias

Der Geheimtipp des Sommers: *cervejarias*, also Bierbars. Gerade im heißen Sommer ist das leichte portugiesische Bier ein wahrer Genuss. Man trinkt es an der Bar mit kleinen Snacks oder an den Stehtischen der Hightech-Bierhallen, die überall aus dem Boden schießen.

Gedeckte Farben

Ausländer und Freaks erkennt man an bunter Kleidung. In Portugal gehört es zum guten Ton, sich in gedeckten Farben zu kleiden. Junge Portugiesen, die in sein wollen, tragen fast ausnahmslos Schwarz. Völlig out: Männer in weißen Anzügen, in Shorts oder gar mit Socken und Sandalen.

Tetvocal

Das Smalltalkthema jeder portugiesischen Cocktailparty: Tetvocal. Die *capela group* ist mit ihrer zweiten CD »Desafinados« (»Die Verstimmten«) berühmt geworden. Vor allem bei Intellektuellen ist die Gruppe so hip wie keine andere.

Rei futebol

König Fußball lässt nicht erst, seit Portugal den Zuschlag für die EM 2004 erhielt, portugiesische Herzen höher schlagen. Den Fußballgott Luis Figo, den teuersten Spieler der Welt, kennt jeder, auch wenn er nicht für Benfica Lissabon oder den FC Porto, sondern für Real Madrid dribbelt.

Je später der Abend ...

In Portugal geht man spät aus – sehr spät. Vor 23 Uhr tut sich in den Szenebars gar nichts, und in den Sommermonaten erscheint man am besten nicht vor Mitternacht. Richtig interessant wird es meist erst nach 2 Uhr in der Früh.

Von Anreise bis Zoll

Hier finden Sie kurz gefasst die wichtigsten Adressen und Informationen für Ihre Portugalreise

ANREISE

Auto
Aus Norddeutschland fährt man am schnellsten über Paris, Bordeaux, San Sebastián, Burgos, Valladolid und Salamanca zur Grenze bei Vilar Formoso, weiter über Guarda und Viseu Richtung Lissabon bzw. Porto. Aus Süddeutschland, Österreich und der Schweiz führt die Anreise über Genf, Nîmes, Narbonne, Barcelona, Valencia, Granada und Sevilla zur Grenze bei Vila Real de Santo António und weiter Richtung Faro. Kunstliebhaber fahren auf dem Jakobsweg nach Portugal: durch Nordspanien bis Santiago de Compostela, weiter über Vigo und Valença do Minho nach Viana do Castelo. Entfernungen: Köln–Lissabon gut 2000, Berlin–Lagos rund 3000 km.

Flugzeug
Direkte Flugverbindungen (Linie und Charter) bestehen täglich zwischen den großen deutschen Flughäfen und Lissabon, Porto und Faro. Die Flugzeit beträgt ca. drei Stunden. Der normale Flugpreis (Frankfurt–Lissabon und zurück) beträgt in der Economy Class um 750 Euro. Lufthansa, TAP-Air, Portugalia und verschiedene Chartergesellschaften werben aber immer wieder mit Schnäppchenpreisen um 270 Euro. Viele Veranstalter bieten auch günstige Pauschalen für Flug und Mietwagen.

Bus
Die preisgünstigste, aber sehr anstrengende Anreise. Fahrtdauer ab Frankfurt bzw. München 30 bis 36 Stunden. Einfache Fahrt Di 87 Euro, Sa 107 Euro, Hin- und Rückfahrt Di 153 Euro, Sa 176 Euro (bei *Ibero Tours, Kirchnerstr. 6–8, 60311 Frankfurt, Tel. 069/921 09 20, Fax 131 08 07*).

Bahn
Fahrtdauer ab Frankfurt etwa 30 Stunden. Strecke: Frankfurt oder Köln–Paris–Porto oder Lissabon. Die Hin- und Rückfahrt von Frankfurt am Main nach Lissabon kostet in der zweiten Klasse ohne Ermäßigungen um 355 Euro.

AUSKUNFT VOR DER REISE

Portugiesisches Touristikbüro
– *Schäfergasse 17, 60313 Frankfurt, Tel. 069/23 40 94, Fax 23 14 33*
– *Kurfürstendamm 203, 10719 Berlin, Tel. 030/882 10 66, Fax 883 48 51*
– *Opernring 1, 1010 Wien, Tel. 01/58 54 45 00, Fax 585 44 45*

– Badenerstr. 15, 8004 Zürich, Tel. 01/241 00 01, Fax 241 00 12
– Internet: www.portugal-insite.pt

AUSKUNFT IN PORTUGAL

Die *Turismo*-Büros haben unterschiedliche Öffnungszeiten, viele sind täglich geöffnet, in der Saison meist von 9.30 bis 19 Uhr, im Winter bis 17 Uhr, oft mit einer Mittagspause. Gratistelefon der Touristeninformation 9–24 Uhr: *Tel. 2800 29 62 96*

AUTO

Der Fahrstil der Portugiesen ist unkonventionell – Portugal hat die höchste Rate an Verkehrstoten in Europa. Tempolimit: in Ortschaften 50 km/h, auf Landstraßen 90 km/h, auf Schnellstraßen 100 km/h und auf Autobahnen 120 km/h. Die Alkoholgrenze liegt bei 0,5 Promille. Das Mitfahren von Minderjährigen auf dem Vordersitz ist verboten. Achtung: Wer beim Telefonieren während der Autofahrt erwischt wird, muss mit hohen Geldbußen rechnen. Tankstellen sind meistens von 7 bis 24 Uhr geöffnet, in großen Städten und an Autobahnen durchgehend. Benzin ist in Portugal relativ teuer. Pannenhilfe leistet der *Automóvel Clube de Portugal ACP*, Pannenhilfenotruf für den Norden: *222 05 67 32;* Pannenhilfenotruf für den Süden: *219 42 91 03.*

CAMPING

Wildes Campen ist nicht erlaubt. Es gibt mehr als 150 Campingplätze. Auskunft: *Federação Portuguesa de Campismo e Caravanismo, Av. Coronel Eduardo Galhardo 24 d, Tel. 218 12 68 90, Fax 218 12 69 18, www.fpcampismo.pt*

DIPLOMATISCHE VERTRETUNG

Botschaft der Bundesrepublik Deutschland
Campo dos Mártires da Pátria 38, Lisboa, Tel. 218 81 02 10, www.embaixada-alemanha.pt

Österreichische Botschaft
Av. Infante Santo 43, Lisboa, Tel. 213 95 82 20

Schweizerische Botschaft
Rua Castilho 20, Lisboa, Tel. 213 19 18 90

Konsulat der Bundesrepublik Deutschland in Porto
Av. da Boavista 5004, Tel. 226 10 23 36

Konsulat der Bundesrepublik Deutschland in Faro
Av. da República 166, Tel. 289 80 31 81

EINREISE

Für die Einreise benötigen deutsche und österreichische Staatsbürger einen Personalausweis bzw. Reisepass. Schweizer müssen im Besitz eines gültigen Reisepasses sein. Bei der Einreise mit dem PKW benötigt man den nationalen Führerschein, die Zulassungspapiere und die internationale grüne Versicherungskarte.

EURO

Bei Redaktionsschluss waren noch nicht alle Europreise festgesetzt.

Wir haben die Preise deshalb in manchen Fällen auf- bzw. abgerundet. In der nächsten Auflage finden Sie wieder wie gewohnt die exakten Preise.

FKK

Nacktbaden ist im katholischen Portugal verboten, oben ohne wird an den meisten Stränden geduldet. Offizielle Nacktbadestrände gibt es im Süden Lissabons an der Praia da Belavista und bei Meco.

FOTOGRAFIEREN

Fotomaterial ist in Portugal sehr teuer, besser von zu Hause mitbringen. Es herrschen meist solche Lichtverhältnisse, dass lichtempfindliche Filme nicht notwendig sind.

GESUNDHEIT

Deutsche Krankenscheine mit entsprechendem Anspruchsausweis (kostenlos bei Krankenkassen erhältlich) werden in Portugal anerkannt. Eine Reisekrankenversicherung ist jedoch empfehlenswert, um lange Wartezeiten bei Kassenärzten zu vermeiden. Apotheken *(farmácia)* findet man auch in kleinen Orten (Kennzeichen: grünes Kreuz; Nachtdienst: Kreuz leuchtet). Krankenhäuser mit durchgehendem Notdienst gibt es in größeren Städten, auf dem Land sind die Gesundheitszentren *(centro de saúde)* von 8 bis 20 Uhr geöffnet.

INLANDFLÜGE

Neben der TAP bedient die Fluggesellschaft Portugalia mit kleinen Maschinen die Verbindungen von Lissabon nach Porto, Braga, Bragança, Chaves, Vila Real, Viseu, Coimbra, Covilhã, Faro und Portimão.

INTERNET

Was die Interneteuphorie angeht, unterscheidet sich Portugal in nichts von Deutschland. Auch die Portugiesen haben das globale Netz erobert. Vor allem die Tourismusbranche hat dabei eine Vorreiterstellung eingenommen. Die einzelnen Regionen, Städte, Museen und Verkehrsunternehmen verfügen über eine eigene Website, und Reiseagenturen, Hotels und Sportveranstalter bieten im Internet ihre Dienste an.

www.portugal-insite.pt
Wissenswertes über über Urlaubsgebiete, Reisewege, Verkehrsmittel, Unterkünfte, Gastronomie, Aktivurlaub, Freizeitgestaltung, Kulturerbe, Natur und Reisebüros.

Was kostet wie viel?

Fadolokal	**ab 25 Euro** für Eintritt und Verzehr
Kaffee	**80 Cent** für ein Glas Milchkaffee
Wasser	**1 Euro** für ein Glas Mineralwasser
Wein	**ab 2,50 Euro** für eine Karaffe Wein
Benzin	**um 1 Euro** für einen Liter Super
Briefmarke	**52 Cent** für eine Postkarte ins Ausland

www.fpcampismo.pt
Wenn auch nur in Portugiesisch, so werden Campingfreunde doch ausführlich über alle Campingplätze in Portugal informiert. Karten mit Zufahrtsbeschreibungen, Fotos, Preisangaben und ein Reservierungsformular erleichtern die Entscheidung.

www.pousadas.pt
Website in Portugiesisch, Englisch und Japanisch über die viel gelobten 44 Refugien abseits des touristischen Rummels. Nach einer kurzen Einführung in die Landeskunde werden die staatseigenen Hotels mit Preisangaben im Einzelnen genau vorgestellt. Aktuelle Informationen über Sondertarife helfen, die richtige Wahl zu treffen.

www.maisturismo.com
Informativer Hotelführer. Die Suche ist einfach (Name, Kategorie, Ortschaft, Art der Dienstleistung), und man findet schnell, was man sucht. Leider fehlen Preisangaben.

INTERNETCAFÉS

Die Preise bewegen sich zwischen 2 und 4 Euro pro Stunde.

Albufeira
– *Inedita, Travessa dos Telheiros 2 b, Tel. 289 58 55 39*

Évora
– *SEIS, Rua Manuel do Olival 22 a, Tel. 266 74 92 27*
– *CiberÉvora, Rua Fria 7, Tel. 266 74 62 01*

Lissabon
– *Cíber Chiado, Largo do Picadeiro 10, Tel. 213 46 67 22*
– *Espaço Ágora, Doca de Santos, Armazém 1, Tel. 213 94 01 70*

– Net Lisboa Café, Rua Padre Francisco 24 c, Tel. 213 97 18 24
– Cíber 25, Teatro Taborda, Costa do Castelo 75, Tel. 218 86 57 86
– Planet Megastore, Av. da República 41 b, Tel. 217 92 81 00

Portimão
– Xsi, Avenida V 3, Edifício Solmonte, Praia da Rocha, Tel. 282 42 42 04
– Internet Computer Center, Rua do Colégio 46, Tel.282 41 56 06

Porto
– Cibercafé, Rua Mártires da Liberdade 223/225, Tel. 22 00 82 63
– NetCafé 1, Rua Santos Pousada 127, Tel. 225 10 77 93

MEDIEN

Die meisten Hotelzimmer und Apartments sind mit Fernsehapparaten ausgestattet. Über Satelliten empfangen sie Programme in portugiesischer, englischer, deutscher und französischer Sprache. Deutsche, österreichische und Schweizer Tageszeitungen und Zeitschriften sind in allen Touristenzentren und größeren Städten oft schon am selben Tag erhältlich.

MIETWAGEN

Niederlassungen aller namhaften Autovermietungen findet man an den Flughäfen, in den Großstädten und in touristisch erschlossenen Orten. Man zahlt für einen Wagen der unteren Mittelklasse zwischen 40 und 80 Euro am Tag zuzüglich Mehrwertsteuer, Vollkaskoversicherung und Kilometergeld, wochenweise Buchungen sind deutlich billiger.

Einige Reiseveranstalter bieten »fly & drive« an: Flug und Mietwagenarrangements zum besonders günstigen Pauschalpreis. Für jene, die nicht zu Hause schon gebucht haben, lohnt sich auch ein Preisvergleich vor Ort: Die nationalen Autovermietungen liegen preislich häufig deutlich unter den Normaltarifen der namhaften internationalen Konkurrenz, z. B. *Auto Jardim, Tel. 218 46 31 87 (Lissabon)* oder *Tel. 289 58 05 00 (Albufeira).*

Wer ein Auto mietet, muss mindestens 21 Jahre alt sein und schon seit mindestens einem Jahr den Führerschein besitzen.

NOTRUF

Polizei und Unfallhilfe *112*

ÖFFENTLICHE VERKEHRSMITTEL

Bahn
Die modernste Zugstrecke des Landes ist die IC-Verbindung zwischen Porto und Lissabon. Preise für die einfache Fahrt in der zweiten Klasse je nach Zugtyp zwischen 10 und 16 Euro. Alle anderen Zugverbindungen in Portugal sind für den mitteleuropäischen Geschmack wenig bequem, aber pünktlich. Geradezu nostalgisch geht es auf einer Bahnstrecke im Norden des Landes zu: auf der Tâmega-Strecke zwischen Livração und Arco de Baúlhe. Alte Dampflokomotiven ziehen ihre Salonwagen durch eine landschaftlich äußerst abwechslungsreiche Gegend. *www.cp.pt*

Busse, Straßenbahn und U-Bahn
Busfahren ist billig und bequem und recht gut organisiert. Durch

ein dichtes Routennetz werden auch entlegene Ortschaften bedient. Pro 100 km zahlt man etwa 8 Euro. *www.rede.expressos.pt*

Schiffsausflüge

Tejo: von April bis Okt. ganztägige Ausflugsfahrten, im Hochsommer auch Nachtkreuzfahrten mit Abendessen an Bord. Abfahrt: Lissabon, Terreiro do Paço.

Douro: Di–So in Porto Ausflugsfahrten ab Cais da Ribeira. Nachtfahrten mit Candle-Light-Dinner im Hochsommer.

Guadiana: Tagestour auf dem Grenzfluss in der Algarve von Vila Real nach Alcoutim.

Taxis

Taxis sind in Portugal relativ preiswert. Von 22 bis 6 Uhr zahlt man einen Nachtzuschlag von 20 Prozent.

ÖFFNUNGSZEITEN

Geschäfte haben werktags von 9 bis 13 und von 15 bis 19 Uhr geöffnet, samstags häufig nur am Vormittag. Viele Tabak-, Lebensmittelgeschäfte und Einkaufszentren öffnen auch So und bis spätabends.

POST

Die Postämter sind Mo–Fr von 8.30 bis 12.30 und von 14.30 bis 18 Uhr geöffnet, in Lissabon an der Praça do Comércio, an der Praça dos Restauradores sowie am Flughafen von 9 bis 20 Uhr. Briefmarken erhält man außer in Postämtern in allen Geschäften, die mit dem roten Pferd oder mit einem weißen Kreis auf grünem Punkt gekennzeichnet sind (meist Schreibwaren- und Tabakläden).

PREISE UND WÄHRUNG

Ein kleiner Kaffee, eine *bica,* kostet 0,50 bis 1,30 Euro, ein Milchkaffee, *galão* genannt, ab 80 Cent, einen Orangensaft oder ein Mineralwasser bekommt man ab 1 Euro, ein Bier ab 80 Cent und eine Flasche Wein im Lokal ab 2,50 Euro. Ein Stückchen Kuchen kostet zwischen 0,50 und 1,30 Euro, Fisch- oder Fleischröllchen gibt es ab 50 Cent. Wer einen Abend in einem Fadolokal verbringen möchte, sollte mit mindestens 25 Euro pro Person für Eintritt und Verzehr rechnen. Theater (ab 15 Euro) sowie Kino (4, montags 2,50 Euro) sind dagegen wesentlich günstiger. Die Eintrittspreise in Museen hängen in Portugal von der Saison ab. Während man im Winter in vielen Museen nur 1,20 Euro verlangt, können die Preise im Sommer bis auf das Dreifache steigen.

Geldautomaten erkennt man am Zeichen MB (Multibanco); sie sind flächendeckend verbreitet. Alle gängigen Kreditkarten werden in größeren Hotels, bei den meisten Tankstellen sowie in vielen Restaurants und Geschäften akzeptiert.

REISEZEIT

Beste Reisezeit sind Frühling (Mitte März bis Anfang Juni) und Herbst (Sept. bis Ende Okt.). Hochsaison ist vom 1. Mai bis 30. Sept. Die Badesaison dauert im Norden des Landes von Mai bis Sept., im Süden fast das ganze Jahr über.

TELEFON & HANDY

Ortsgespräche kosten pro Minute um 10 Cent. Von jedem öffentli-

Wetter in Lissabon

	Jan.	Feb.	März	April	Mai	Juni	Juli	Aug.	Sept.	Okt.	Nov.	Dez.
Tagestemperaturen in °C	14	15	17	20	21	25	27	28	26	22	17	15
Nachttemperaturen in °C	8	8	10	12	13	15	17	17	17	14	11	9
Sonnenschein Std./Tag	5	6	6	9	10	11	12	11	9	8	6	5
Niederschlag Tage/Monat	11	8	11	7	7	2	1	1	4	7	9	11
Wassertemperaturen in °C	14	14	14	15	16	17	18	19	19	18	16	15

chen Telefon aus kann ins Ausland telefoniert werden. Immer mehr verbreitet sind Telefonkarten. Für ein einminütiges Gespräch nach Deutschland zahlt man tagsüber ca. 1,20, ab 20 Uhr ca. 0,80 Euro. In den größeren Städten bieten die Postämter Telefaxdienste an, ebenso die meisten Hotels.

Die Kosten für das mobile Telefonieren in Portugal werden auf der gewohnten Rechnung ausgewiesen. Wenn man von Portugal aus bzw. im Land selbst telefoniert, zahlt man nur die von den drei Roamingpartnern TMN, Telcel und Optimus angesetzten Gesprächspreise. Diese liegen bei Gesprächen innerhalb Portugals zwischen 50 Cent und 1,10 Euro pro Minute, abends und nachts zum Teil ermäßigt. Bei Gesprächen nach Deutschland liegen die Gebühren je nach Roamingpartner zwischen 90 Cent und 1,25 Euro pro Minute. T-D1-Kunden, die »International Roaming« nutzen, können von Portugal aus für 1 Euro pro Minute nach Deutschland telefonieren. Dieser Preis gilt rund um die Uhr und unabhängig davon, von welchem Euro-Roam-Partner-Netz angerufen wird. Die Gespräche werden im 30-Sekunden-Takt abgerechnet.

Vorwahl nach Portugal: *00351.* Innerhalb Portugals gibt es keine Vorwahlen mehr. Vorwahl nach Deutschland *0049,* nach Österreich *0043,* in die Schweiz *0041.*

TRINKGELD

Die Bedienung ist in den Rechnungen von Hotels und Restaurants bereits enthalten. Dennoch wird natürlich ein Trinkgeld in Höhe von fünf bis 15 Prozent gerne angenommen. Ebenso erwarten Zimmermädchen, Taxifahrer, Gepäckträger, Schuhputzer ein kleines Trinkgeld.

UNTERKÜNFTE

Herrenhäuser

Solares, casas nobres und *quintas* (oft als *turismo rural* ausgeschildert) sind alte Landsitze; viele werden noch vom Eigentümer bewohnt. Broschüren über Herren- und Landhäuser kann man kostenlos bestellen beim *Portugiesischen Touristikamt (Schäfergasse 17, 60313 Frankfurt, Tel. 069/29 05 49, Fax 23 14 33).*

Hotels und Pensionen

Es gibt verschiedene Kategorien, die preislich zwischen 20 Euro (zwei Sterne, Nebensaison) und 300 Euro (fünf Sterne, Hochsaison) rangieren. Pensionen *(pensão)* sind meist einfache Häuser; Preise: von 20 Euro (zwei Sterne, Nebensaison) bis 120 Euro (vier Sterne, Hochsaison). *Albergaria* und *residência* sind Garniunterkünfte: von 25 Euro (drei Sterne, Nebensaison) bis 160 Euro (fünf Sterne, Hochsaison). *Casas de hóspedes* sind ganz einfache und dementsprechend sehr preiswerte Gasthäuser. *Estalagens* sind privat geführte Herbergen unterschiedlichen Standards.

Jugendherbergen

Für den Aufenthalt ist ein internationaler Mitgliedsausweis erforderlich, Reservierungen und Informationen erteilt: *Albergues de Juventude, Rua Andrade Corvo 46, P-1050 Lisboa, Tel. 213 53 26 96*

Pousadas

Pousadas sind ähnlich wie die spanischen *paradores* staatlich geführte Hotels, die an ausgewählten, landschaftlich schönen Plätzen oder in alten Burgen, Schlössern, Klöstern oder Herrenhäusern eingerichtet worden sind *(alle €€€)*. Die schönsten sind im Ortsteil erwähnt.

ZEIT

Portugal hat Greenwich-Zeit (GMT), auch westeuropäische Zeit genannt, es ist also ganzjährig eine Stunde früher als in Mitteleuropa.

ZOLL

Innerhalb der EU darf man Waren für den persönlichen Verbrauch frei ein- und ausführen. Richtwerte sind u. a. 90l Wein, 800 Zigaretten, 20 l Portwein, 10 l Spirituosen. Für Schweizer gelten wesentlich geringere Freimengen, u. a. 200 Zigaretten, 2 l Wein, 1 l Spirituosen.

Die Marco Polo Bitte

WWF

Marco Polo war der erste Weltreisende. Er reiste in friedlicher Absicht, verband Ost und West. Er wollte die Welt entdecken, fremde Kulturen kennen lernen, nicht zerstören. Könnte er heute für uns Reisende nicht Vorbild sein? Aufgeschlossen und friedlich sollte unsere Haltung auf Reisen sein. Dazu gehören auch Respekt vor Mensch und Tier und die Bewahrung der Umwelt.

Falas português?

»Sprichst du Portugiesisch?« Dieser Sprachführer hilft Ihnen, die wichtigsten Wörter und Sätze auf Portugiesisch zu sagen

Zur Erleichterung der Aussprache sind alle portugiesischen Wörter mit einer einfachen Aussprache (in eckigen Klammern) versehen. ' vor einer Silbe bedeutet, dass die nachfolgende Silbe betont wird. Das L wird »dunkel« wie im Englischen ausgesprochen.

AUF EINEN BLICK

Ja./Nein.	Sim. [sing] / Não. [nau]
Vielleicht.	Talvez. [tal'wesch]
Bitte.	Se faz favor. [s fasch fa'wor]
Danke.	Obrigado./Obrigada. [ubri'gadu/ubri'gada]
Bitte sehr./Gern geschehen.	De nada./Não tem de quê. [d 'nada/nau täi dö ke]
Entschuldigen Sie!/Entschuldige!	Desculpe!/Desculpa! [dösch'kulp/dösch'kulpa]
In Ordnung!/Einverstanden!	Está bem/De acordo! [schta 'bäi/da'kordu]
Wie bitte?	Como? ['komu]
Ich verstehe Sie nicht.	Não compreendo. [nau kom'prjendu]
Sprechen Sie Deutsch?	Fala alemão? ['fala alö'mau]
Können Sie mir bitte helfen?	Pode ajudar-me, se faz favor? ['poddaschu'darm s fasch fa'wor]
Ich möchte …	Queria … [kö'ria]
Das gefällt mir (nicht).	(Não) Gosto disto. [('nau) 'goschtu 'dischtu]
Haben Sie …?	Tem …? [täi]
Wie viel kostet es?	Quanto custa? ['kuantu 'kuschta]

KENNENLERNEN

Guten Morgen!/Tag!	Bom dia!/Boa tarde! [bong 'dia/'boa 'tard]
Guten Abend!	Boa tarde!/Boa noite! ['boa 'tard/'boa 'noit]
Hallo!/Grüß dich!	Olá! [ol'la]
Wie geht es Ihnen?	Como está? ['komu schta]

Wie geht's?	Como vai? ['komu wai]
Danke. Und Ihnen/dir?	Bem, obrigado/obrigada. E o senhor/ a senhora/você/tu? [bäi ubri'gadu/ ubri'gada. i u sö'njor/a sö'njora/wos'se/tu]
Auf Wiedersehen!/Tschüss!/ Bis später!/Bis zum nächsten Mal!	Adeus!/Até logo!/Até à próxima! [a'de-usch/a'tä 'logu/a'tä a 'prossima]

UNTERWEGS

Auskunft

links	à esquerda [a 'schkerda]
rechts	à direita [a di'räita]
geradeaus	em frente [äi 'frent]
nah/weit	perto ['pärtu]/longe ['longsch]
Bitte, wo ist ...?	Se faz favor, onde está ...? [s fasch fa'wor 'ondäschta]
Wie weit ist das?	Quantos quilómetros são? ['kuantusch ki'lomötrusch sau]

Panne

Ich habe eine Panne.	Tenho uma avaria. ['tenjumawa'ria]
Würden Sie mich bis zur nächsten Werkstatt abschleppen?	Pode rebocar-me até à oficina mais próxima? ['podd röbu'karma'tä a ofi'sina maisch 'prossima]
Gibt es hier in der Nähe eine Werkstatt?	Há alguma oficina aqui perto? [a al'gumofi'sina'ki 'pärtu]

Tankstelle

Wo ist bitte die nächste Tankstelle?	Se faz favor, onde ésta a bomba de gasolina mais próxima? [s fasch fa'wor 'ondäschta a 'bomba de gasu'lina maisch 'prossima]
Ich möchte ... Liter ...	Se faz favor, ... litros de ... [s fasch fa'wor, ... 'litrusch dö ...]
... Super.	... súper. ['supär]
... Diesel.	... gasóleo. [ga'sollju]
... Bleifrei/Verbleit.	... sem chumbo/com chumbo. [säi 'schumbu/kong 'schumbu]
Voll tanken, bitte.	Cheio, se faz favor. ['scheju s fasch fa'wor]

Unfall

Hilfe!	Socorro! [su'koru]
Achtung!/Vorsicht!	Atenção [ateng'sau]
Rufen Sie schnell ...	Chame depressa ... ['scham dö'prässa]
... einen Krankenwagen.	... uma ambulância. [umambu'langsja]
... die Polizei.	... a polícia. [a pu'lisja]

Es war meine/Ihre Schuld.	A culpa foi minha/sua. [a 'kulpa foi 'minja/'sua]
Geben Sie mir bitte Ihren Namen und Ihre Anschrift.	Pode dizer-me o seu nome e o seu endereço, se faz favor? [podd di'sermu se-u 'nomi u se-u endö'resu s fasch fa'wor]

ESSEN

Wo gibt es hier bitte …	Pode dizer-me, se faz favor, onde há aqui … ['podd di'sermö s fasch fa'wor onda a'ki …]
… ein gutes Restaurant?	… um bom restaurante? [ung bong röschtau'rant]
… ein nicht zu teures Restaurant?	… um restaurante não muito caro? [ung röschtau'rant nau 'muitu 'karu]
Gibt es hier eine Bar/ ein Café?	Há aqui um bar/um café? [a a'ki ung 'bar/ung ka'fä]
Reservieren Sie uns bitte für heute Abend einen Tisch für vier Personen.	Pode reservar-nos para hoje à noite uma mesa para quatro pessoas, se faz favor? ['podd rösör'warnusch 'para 'oscha 'noit uma 'mesa para 'kuatru pö'soasch s fasch fa'wor]
Können Sie mir bitte … reichen?	Pode-me dar …, se faz favor? ['poddmö dar …, s fasch fa'wor]
Messer	faca ['faka]
Gabel	garfo ['garfu]
Löffel	colher [ku'ljer]
Auf Ihr Wohl!	À sua saúde! [a 'sua sa'ud]
Das habe ich nicht bestellt.	Não foi isto que eu pedi. ['nau foi 'ischtu ki-eu pö'di]
Bezahlen, bitte.	A conta, se faz favor. [a 'konta s fasch fa'wor]
Hat es geschmeckt?	Estava bom? ['schtawa bong]
Das Essen war ausgezeichnet.	A comida estava excelente. [a ku'mida 'schtawa schsö'lent]

ÜBERNACHTEN

Können Sie mir bitte … empfehlen?	Se faz favor, pode recomendar-me … [s fasch fa'wor 'podd rökumen'darmö]
… ein gutes Hotel …	… um bom hotel? [ung bong ot'täl]
… eine Pension …	… uma pensão? ['uma pen'sau]
Haben Sie noch Zimmer frei?	Ainda tem quartos livres? [a'inda täi 'kuartusch 'liwrösch]
ein Einzelzimmer	um quarto individual [ung 'kuartu indiwi'dual]

ein Zweibettzimmer	um quarto de casal [ung 'kuartu dö ka'sal]
mit Bad	com casa de banho [kong 'kasa dö 'banju]
... für eine Nacht.	... para uma noite. ['para 'uma 'noit]
... für eine Woche.	... para uma semana. ['para uma sö'mana]

PRAKTISCHE INFORMATIONEN

Arzt

Können Sie mir einen guten Arzt empfehlen?	Pode indicar-me um bom médico? ['poddindi'karmung bong 'mädiku]
Ich habe hier Schmerzen.	Dói-me aqui. ['doima'ki]
Ich habe Fieber.	Tenho febre. ['tenju 'fäbr]

Post

Briefmarke	selo ['selu]
Was kostet ...	Quanto custa ... ['kuantu 'kuschta]
... ein Brief ...	... uma carta ... ['uma 'karta]
... eine Postkarte ...	... um postal ... [ung pusch'tal]
... nach Deutschland?	... para a Alemanha? ['paraalö'manja]
Kann ich bei Ihnen ein Telefax nach ... schicken?	Posso mandar aqui um telefax para ...? ['posu man'dara'ki ung tele'faks 'para]

ZAHLEN

0	zero ['säru]	20	vinte ['wingt]
1	um, uma ['ung, 'uma]	21	vinte e um ['wingti 'ung]
2	dois, duas ['doisch, 'duasch]	22	vinte e dois ['wingti 'doisch]
3	três [tresch]	30	trinta ['tringta]
4	quatro ['kuatru]	40	quarenta [kua'renta]
5	cinco ['sinku]	50	cinquenta [sin'kuenta]
6	seis ['säisch]	60	sessenta [sö'senta]
7	sete ['sät]	70	setenta [sö'tenta]
8	oito ['oitu]	80	oitenta [oi'tenta]
9	nove ['noww]	90	noventa [nu'wenta]
10	dez ['däsch]	100	cem ['säi]
11	onze ['ons]	101	cento e um ['sentui 'ung]
12	doze ['dos]	200	duzentos [du'sentusch]
13	treze ['tres]	1000	mil [mil]
14	catorze [ka'tors]	2000	dois mil [doisch mil]
15	quinze ['kings]	10 000	dez mil [däsch mil]
16	dezasseis [dösa'säisch]		
17	dezassete [dösa'sät]	1/2	um meio [ung 'meju]
18	dezoito [dö'soitu]	1/3	um terço [ung 'tersu]
19	dezanove [dösa'noww]	1/4	um quarto [ung 'kuartu]

Reiseatlas Portugal

Die Seiteneinteilung für den Reiseatlas finden Sie auf dem hinteren Umschlag dieses Reiseführers

Kartenlegende Reiseatlas

le Mans-Est 4	Autobahn mit Anschlussstelle Motorway with junction
Datum, Date	Autobahn in Bau Motorway under construction
Datum, Date	Autobahn in Planung Motorway projected
R	Raststätte mit Übernachtungsmöglichkeit Roadside restaurant and hotel
R	Raststätte ohne Übernachtungsmöglichkeit Roadside restaurant
E	Erfrischungsstelle, Kiosk Snackbar, kiosk
T A	Tankstelle, Autohof Filling-station, Truckstop
	Autobahnähnliche Schnellstraße mit Anschlussstelle Dual carriage-way with motorway characteristics with junction
	Straße mit zwei getrennten Fahrbahnen Dual carriage-way
	Durchgangsstraße Thoroughfare
	Wichtige Hauptstraße Important main road
	Hauptstraße Main road
	Sonstige Straße Other road
	Fernverkehrsbahn Main line railway
	Bergbahn Mountain railway
	Autotransport per Bahn Transport of cars by railway
	Autofähre Car ferry
	Schifffahrtslinie Shipping route
	Landschaftlich besonders schöne Strecke Route with beautiful scenery
Routes des Crêtes	Touristenstraße Tourist route
	Straße gegen Gebühr befahrbar Toll road
	Straße für Kraftfahrzeuge gesperrt Road closed to motor traffic
	Zeitlich geregelter Verkehr Temporal regulated traffic
15%	Bedeutende Steigungen Important gradients

	Kultur **Culture**
★★ PARIS ★★ *la Alhambra*	Eine Reise wert Worth a journey
★ TRENTO ★ *Comburg*	Lohnt einen Umweg Worth a detour
	Landschaft **Landscape**
★★ Rodos ★★ *Fingal's cave*	Eine Reise wert Worth a journey
★ Korab ★ *Jaskinia raj*	Lohnt einen Umweg Worth a detour
	Besonders schöner Ausblick Important panoramic view
	Nationalpark, Naturpark National park, nature park
	Sperrgebiet Prohibited area
4807	Bergspitze mit Höhenangabe in Metern Mountain summit with height in metres
(630)	Ortshöhe Elevation
	Kirche Church
	Kirchenruine Church ruin
	Kloster Monastery
	Klosterruine Monastery ruin
	Schloss, Burg Palace, castle
	Schloss-, Burgruine Palace ruin, castle ruin
	Denkmal Monument
	Wasserfall Waterfall
	Höhle Cave
	Ruinenstätte Ruins
	Sonstiges Objekt Other object
	Jugendherberge Youth hostel
	Badestrand · Surfen Bathing beach · Surfing
	Tauchen · Fischen Diving · Fishing
	Verkehrsflughafen Airport
	Regionalflughafen · Flugplatz Regional airport · Airfield

20 km

A
B
C
1
2
3
4
5
6
Cangas
Redondela
Nerga
Buenos Aires
Puerto
Teis/Chapela
Peinador
Mondariz-Balneario
Alto de Fuentefría
Illas Cíes
VIGO
Ría de Vigo
Vigo
Mos
Puxeiros
Beade
Rebullón
Vincios
Vilasobroso
Ponteareas
Panxón
O Porriño
Baiona
Galiñeiro
Gondomar
Cabo Silleiro
Ramallosa
Sabarís
Esfarrapada
Salvaterra de Miño
As Neves
Consist
Tui
Rio Minho
Monção
Riba de Mouro
Mougás
Valença
Merufe
Arrabal
O Seixo
Cerdal
Sistelo
Refoxos
Extremo
Serra da P
Goián
O Calvario
Vila Nova de Cerveira
A Guarda
Pias
Paredes de Coura
Nacional
Santa Tecla
Camposancos
Coura
Caminha
Arcos de Valdevez
Moledo do Minho
Rio Lima
Orbacém
Ponte da Barca
Vila Praia de Âncora
Bravães
Azias
Afife
Ponte de Lima
Santa Luzia
Lanheses
Carreço
Minho
Viana do Castelo
Deão
Darque
Freixo
Caldelas
Amorosa
Vila Verde
Bouro
Capareiros
Amares
Balugães
Forjães
Prado
Rio Cávado
S. Bartolomeu do Mar
BRAGA
Bom Jesus do Monte
Barragem da Penide
Barcelos
Esposende
Gamil
Braga Oeste
Ofir
Citânia de
Braga Sul
Caldelas
Apúlia
Pedra Furada
Escudeiros
Estela
Cruz
Guimarães
Aguçadoura
Rates
Gondifelos
Póvoa de Varzim
Rio Mau
Vila Nova de Famalicão
V. N. Famalicão
Ave
Ceide
Bagunte
Famalicão
Aqueduto
Vila do Conde
Trofa
Santo Tirso
Citânia
Vila Chã
Paços de Ferreira
Porto
Maia
Água Longa
10 km
Alfena
Sobrado
Valongo
Gandra
Paredes
Matosinhos
Campo
Baltar
PORTO
VILA NOVA DE GAIA
São Pedro da Cova
Gondomar
Douro
Avintes
Capela
Carvalhos
Costa Verde
118
114

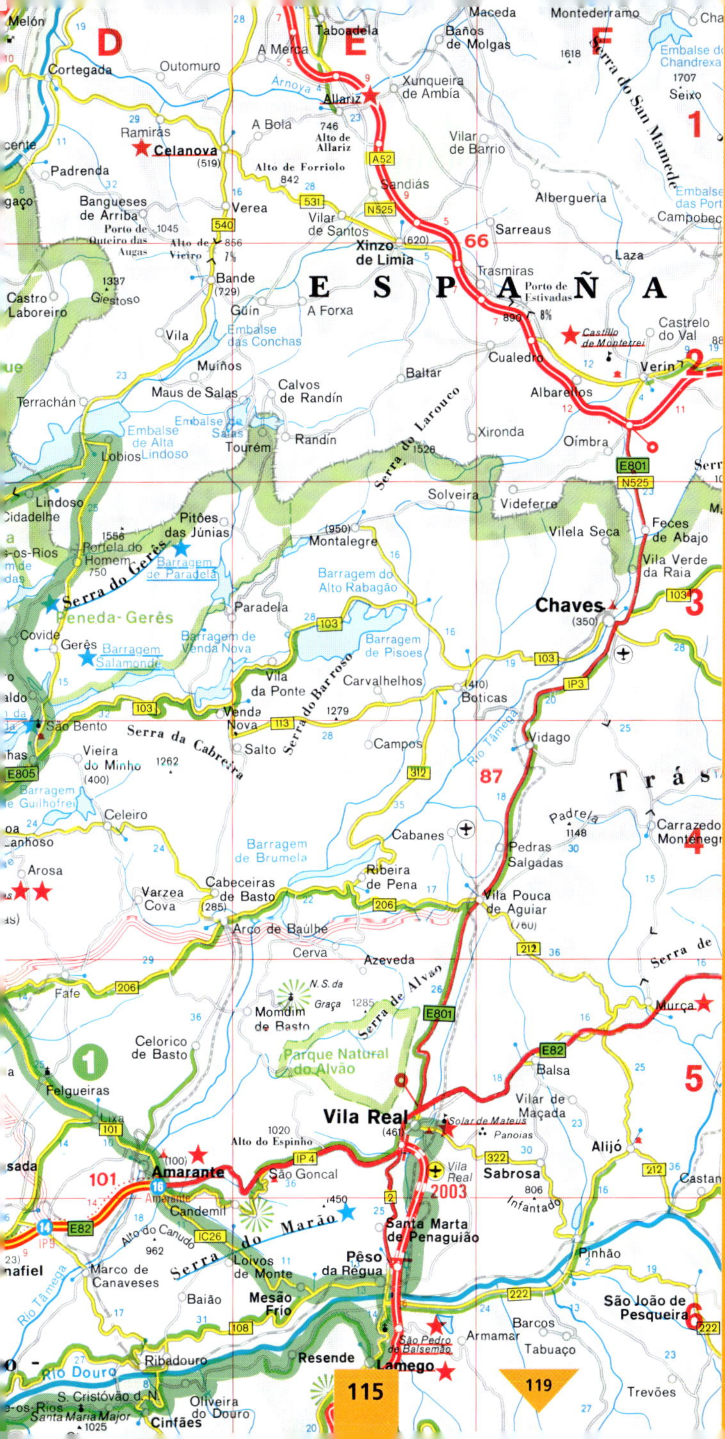

D
E
F
ESPAÑA
Trás
Melón
Cortegada
Outomuro
A Merca
Taboadela
Maceda
Baños de Molgas
Montederramo
Serra do San Mamede
Embalse de Chandrexa
Seixo
Allariz
Xunqueira de Ambía
Ramirás
Celanova
A Bola
Alto de Allariz
Alto de Forriolo
Vilar de Barrio
Padrenda
Bangueses de Arriba
Porto de Outeiro das Augas
Alto de Vieiro
Verea
Sandiás
Vilar de Santos
Xinzo de Limia
Alberguería
Sarreaus
Campobecerros
Embalse das Portas
Laza
Bande
Castro Laboreiro
Giestoso
Güín
A Forxa
Trasmiras
Porto de Estivadas
Vila
Embalse das Conchas
Castillo de Monterrei
Castrelo do Val
Cualedro
Verín
Muiños
Baltar
Calvos de Randín
Maus de Salas
Albarellos
Terrachán
Embalse de Salas
Embalse de Alta Lindoso
Lobios
Tourém
Randín
Serra do Larouco
Xironda
Oímbra
Lindoso
Cidadelhe
Solveira
Videferre
Serra do Gerês
Pitões das Júnias
Portela do Homem
Montalegre
Vilela Seca
Feces de Abajo
Vila Verde da Raia
Barragem de Paradela
Barragem do Alto Rabagão
Chaves
Peneda-Gerês
Paradela
Covide
Gerês
Barragem Salamonde
Barragem de Venda Nova
Barragem de Pisoes
Vila da Ponte
Serra do Barroso
Carvalhelhos
Boticas
Rio Tâmega
Venda Nova
São Bento
Serra da Cabreira
Salto
Campos
Vidago
Vieira do Minho
Barragem de Guilhofrei
Celeiro
Padrela
Carrazedo de Montenegro
Cabanes
Pedras Salgadas
Barragem de Brumela
Ribeira de Pena
Arosa
Varzea Cova
Cabeceiras de Basto
Vila Pouca de Aguiar
Arco de Baúlhe
Cerva
Azeveda
Serra de Alvão
Serra de
Fafe
N. S. da Graça
Mondim de Basto
Murça
Celorico de Basto
Parque Natural do Alvão
Balsa
Felgueiras
Vilar de Maçada
Vila Real
Solar de Mateus
Panoias
Alijó
Lixa
Alto do Espinho
Amarante
São Gonçal
Vila Real
Sabrosa
Infantado
Candemil
Serra do Marão
Santa Marta de Penaguião
Alto do Canudo
Marco de Canaveses
Loivos de Monte
Pêso da Régua
Pinhão
Rio Tâmega
Baião
Mesão Frio
São João de Pesqueira
Barcos
Armamar
Tabuaço
São Pedro de Balsemão
Ribadouro
Resende
Lamego
Rio Douro
S. Cristóvão d. N.
Santa Maria Major
Oliveira do Douro
Cinfães
Trevões
Castanheiro
Felgueiras
A52
N525
531
540
E801
N525
103
113
312
IP3
206
212
E801
E82
IP 4
101
IC26
E82
108
222
322
E805
2003
66
87
101
1
2
3
4
5
6

A
B
C
1
2
3
4
5
6
Chandrexa
Raigada
A Veiga
Peña Trevinca
2021
Embalse do Chandrexa
Embalse de Bao
Sierra do Queixa
9%
1052
Viana do Bolo
(733)
Vilariño de Conso
Embalse de Porto
Porto
San Sebastian
2045
Moncalvo
Parque Natural
Sierra Cabrera
San Ciprián
S. Martin de Castañeda
del Lago de Sanabria
Sierra Segundera
Embalse de Pias
Ribadelago de Franco
Lago de Sanabria
Trefacio
Galende
Sanabria
Espad
533
Embalse das Portas
Bobecerros
Pias
54
Valle de
Palacios de Sanabria
A Gudiña
1067
Portillo de la Canda
Lubián
Portilla del Padornelo
Puebla de Sanabria
A52
N525
Alto del Cañizo
1262
1329
Requejo
Pedralva de la Pradería
33
A Mezquita
Embalse de Cernad
Ventas de la Barrera
Hermisende
622
885
Ríos
Alto de Fumaces
Moimenta
1273
Rio de Onor
Sier
1272
Coroa
Mofreita
103-7
França
Vilardevós
Parque Natural de Montezinho
Serra das Peñas Libres
Vilar de Ossos
Carragosa
Rabal
Rabal
Bragança
Vilar Seco da Lomba
1085
Mairos
(715)
Vinhais
Castrelos
Bragança
(684)
103
Ousilhão
Milhão
Quintanilha
2002
IP4
Rebordelo
Zoio
Sierra da Mogueira
Sonim
1268
Agrochão
Rio Tuela
Outeiro
Parada
IP2
IP4
E82
Santa Comba de Rossas
315
Vilarandelo
Rio Rabaçal
Torre de Don Chama
Bouça
213
40
Quintela de Lampaças
Rio Sabor
218-2
(430)
Valpaços
Montes e Alto Douro
Vimio
Bgem. do Azibo
Vinhas
Izeda
Rio Torto
Macedo de Cavaleiros
(610)
217
Romeu
Veiga de Lila
Olmos
Morais
Mirandela
1009
Bornes
1174
Sierra de Bornes
216
Lagoa
219
Algoso
Vilarelho
IP 4
76
Peredo
São Martinho do Peso
Frechas
Trindade
Azinhoso
Sierra Mogadouro
Rio Tua
E802
IP2
Alfândega da Fé
Mogadouro
956
Brun
214
Vila Flor
221
Nat
Bemp
Freixiel
Castelo Branco
Embalse de Aldeadávila
Junqueira
Rio Sabor
214
Carrazeda de Ansiães
Aldeadávila de la Ribera
Rio Duero
Masueco
Selores
Lagoaça
Torre de Moncorvo
220
Carviçais
Douro
Mieza
La Zarza de Pumareda
Arribes del
Cerezal de Peñahorcada
N221
Vale de Figueira
Pocinho
Vilvestre
Milano
222
Embalse de Saucelle
Vila Nova de Foz Côa
Urros
Freixo de Espada á Cinta
Barruecopardo
Rio Douro
Internacional
Saucelle
Saldeana
Touça
Horta
222
Vega de Terrón
Rio Huebra

120

D
E
F
57
Castrocalbón
del Páramo
Castrofuer
Castrocontrigo
Río Erla
La Antigua
Justel
Alija del Infantado
Villaquejida
Villafer
Alcubilla de Nogales
Pobladura del Valle
Fuente Encalada
Molezuelas de la Carballeda
Santibáñez de Vidriales
Morales de Rey
Granucillo
Mombuey
Rionegro del Puente
74
Colinas de Trasmonte
Benavente
Camarzana de Tera
Santa Cristina de la Polvorosa
Santa Croya de Tera
Río Tera
Navianos de Valverde
Embalse de Valparaíso
Villardeciervos
Otero de Bodas
Barcial del Barco
Santa María de Valverde
Friera de Valverde
Ferreras de Arriba
Cerecinos de Campos
Ferreras de Abajo
Portillo de Sazadón
Santovenia
de
la
Culebra
Mahide
Río Esla
Villafáfila
Feramontanos de Tábara
Laguna Salitrosas
Tábara
Granja Moreruela
Villamarrín de Campos
San Vicente de la Cabeza
Riofrío de Aliste
54
San Vitero
Pozuelo de Tábara
Riego del Camino
E S P A Ñ A
Rabanales
Perilla de Castro
Fontanillas de Castro
Arquilinos
Río Aliste
Embalse de Ricobayo
San Cebrián de Castro
Alcañices
Losacino
Piedrahita de Castro
Aspariegos
Ceadea
Carbajales de Alba
Montamarta
102
Fonfría
Torres del Carrizal
Benegiles
São Martinho de Angueira
Constantim
Manzanal del Barco
Andavías
San Pedro de la Nave
Anguera
El Campillo
Valdeperdices
Caçarelhos
Villadepera
Rabales
Coreses
Malhadas
Miranda do Douro
Villalcampo
Muelas del Pan
Duas Igrejas
Moralina
ZAMORA
Moraleja del Vino
Villaseco
Morales del Vino
Casaseca de las Chanas
Parque
Tariza
Pereruela
San Marcial
Gáname
Picote
Bermillo de Sayago
Corrales
Fornillos de Fermoselle
62
Tamame
Peleas de Arriba
Fresno de Sayago
Villar del Buey
Fermoselle
Cibanal
Peñausende
5
Embalse de la Almendra
Almeida
Mayalde
El Cubo de Tierra del Vino
Villarino
Viñuela de Sayago
Teso Santo
Santiz
Ruta de la Plata
Carbellino
Almendra
Trabanca
10 km
Monleras
Valdelosa
Moraleja de Sayago
Palacios del Arzobispo
Topas
Villaseco de los Reyes
Castillo Buen Amor
Ahigal de Villarino
Torresmenudas
Calzada de Valdunciel
Puertas
6
Sanchón de la Ribera
Cabeza del Horno
Ledesma
Río Tormes
Tremedal de Tormes
Valverdón
San Pedro del Valle
Villar de Peralonso
Villaseco de los ...
Villarmayor
Villares de la Reina
Golpejas
121
Villasdardo
SALAMANCA
Valde
Fuen de R
San del
Castro
Villalaza
El P
Arg
1
2
3
4

A
B
C
114
★★ PORTO
VILA NOVA DE GAIA
10 km
1
2
3
4
5
6
OCÉANO
ATLÂNTICO
Costa de Prata
Douro
Litoral
Valongo
São Pedro de Cova
Gondomar
Paredes
Avintes
Capela
Valadares
Miramar
Carvalhos
Praia da Granja
Sandim
Raiva
Espinho
Picoto
Corga
Esmoriz
Sta. Maria da Feira
Mansores
Souto
São João de Madeira
Praia do Furadouro
Ovar
Vale de Cambra
Válega
Oliveira de Azeméis
Castelões
Pardilho
Praia do Torreira
Estarreja
Murtosa
Albergaria-a-Nova
Muranzel
Cacia
Albergaria-a-Velha
Praia da São Jacinto
Ria de Aveiro
Angeja
Barra
Eixo
Costa Nova
Aveiro
Ílhavo
Águeda
Vagos
Soza
Aveiro Sul
Oiã
Oliveira do Bairro
Palhaça
Calvão
Mamarrosa
Avelãs de Caminho
Praia de Mira
Anadia
Covões
Mira
Vilarinho do Bairro
Mealhada
Buçaco
Cantanhede
Murtede
Palheiros da Tocha
Tocha
Cadima
Pampilhosa
Botão
Portunhos
Lagoa da Vela
Arazede
Coimbra Norte
São Marcos
Quiaios
Ferreira-a-Nova
Tentugal
COIMBRA
Buarcos
Cabo Mondego
Alhadas
Rio Mondego
Pereira
Coimbra Sul
Montemor-o-Velho
Figueiró do Campo
Antanhol
Ceira
Figueira da Foz
Alfarelos
Condeixa-a-Nova
Vila Seca
Costa de Lavos
Lavos
Sebal Grande
Ruínas de Conímbriga
Leirosa
Soure
Podentes
Vinha da Raina
Marinha das Ondas
Degrácias
Louriçal
Penela
Alvorge
Pombal
Pedrógão
122
A1
A14
IP1
IP3
IP4
IP5
IC1
IC2
IC3
E01
E80
E801

D
E
F
115
Baião
Mesão Frio
São João de Pesqueira
Ribadouro
Resende
Lamego
São Pedro de Balsemão
Armamar
Tabuaço
Rio Douro
S. Cristóvão d. N.
Santa Maria Major
Oliveira do Douro
Cinfães
Gia
1025
Trevões
Castelo de Paiva
Rio Paiva
Serra de Montemuro
Montemuro
1382
Bigorne
Tarouca
Sarzedo
Escurquela
Moimenta da Beira
Penedono
São João de Tarouca
Barragem de Távora
Alvarenga
Cabril
Serra de Leomil
Leomil
1008
Arouca
101
Castro Daire
Touro
Ariz
Sernancelhe
Reriz
Vila Cova
Aguas Boas
1077
Pedro Velho
Vila Nova de Paiva
Candal
Pedras Altas
1073
Figueiredo de Alava
Ferreira de Aves
Pinheiro
Aguiar da Beira
Cota
Calde
São João da Serra
Carapito
São Pedro do Sul
Bigas (Lordosa)
Sátão
Romas
Vouga
Oliveira de Frades
Bodiosa
Forninhos
Vouzela
Sezures
Arcozela
67
Couto de Cima
Cavernães
Penalva do Castelo (Castendo)
Forno Telheiro
Fornos de Algodres
Viseu
(483)
47
Caparrosa
Alcofra
Mangualde
Freixiosa
Varzielas
Parada de Gonta
Abrunhosa-a-Velha
Carrapichana
Caramulo
1071
Serra do Caramulo
Sabugosa
Santar
Espinho
Arcozelo
1284
Cabeça
Nelas
Nabais
Rio Mondego
Barreiro
49
Tondela
Canas de Senhorim
Gouveia
Parque Natural da Serra da Estrela
Cabanas de Viriato
Paranhos
Pinhancos
1694
Santinha
Vila Moinhos (Sobral)
Oliveira do Conde
Seia
Sabugueiro
Santa Comba Dão
Carregal do Sal
Lagares
Manteigas
Mortagua
Midões
136
Poço do Inferno
Tábua
Oliveira do Hospital
Barragem da Aguieira
Chamusca
Loriga
1991
Malhão
Penhas da Saúde
Teixoso
Corcosa
Travanca
Carapinha
Serra do Açor
Penacova
Paradela
Mouronho
Rio Alva
Vide
Alvoco da Serra
Covilhã
(675)
41
Barragem de Fronhas
Cerdeira
Unhais da Serra
1340
São Pedro de Açor
Tortozendo
Pomberio da Baira
Arganil
5
Rio Zêzere
98
Barco
Fatela
Poiares
Serpins
Porto da Balsa
Fajão
Cebola
Foz de Arouce
Góis
Rio Ceira
Silvares
Fundão
Vilarinho
1204
Lousã
Serra da Lousã
Vidual
Barragem de S. Luzia
Alpedrinha
Castelo Novo
Barroca
1226
Gardunha
Corvo
Pampilhosa da Serra
São Vicente da Beira
Soalheir
Alvares
Foz Giraldo
Cambas
Beira Baixa
6
Castanheira de Pêra
Álvaro
912
Barragem do Cabril
Madeirã
970
Tinhalhas
40
Figueiró
Pedrógão
119
123
1
2
3
4

116
124
120
131
451
A
B
C
1
2
3
4
5
6
Beira-
-Alta
Internacional
Pocinho
Vila Nova de Foz Côa
Vale de Figueira
Touça
Horta
Ranhados
Mêda
Marialva
Terrenho
Cotimos
Trancoso
Tamanhos
Santa Eufémia
Pinhel
Cerejo
Alverca da Beira
Freixedas
Baraçal
Celorico da Beira
Açores
Porto da Carne
Guarda
(1083)
Arrifana
Prados
Trinta
Vale de Estrela
Benespera
Valhelhas
Belmonte
Orjais
Caria
Escarigo
Capinha
Covilhã Velha
Vale de Prazeres
Pedrógão
Orca
São Miguel de Acha
Ponte de São Gens
Escalos de Cima
Idanha-a-Nova
Proença-a-Velha
Medelim
Monsanto
Idanha-a-Velha
Alcafozes
Penamacor
Aldeia do Bispo
Meimoa
Barragem do Meimoa
Casteleiro
Malcata
Sabugal
Barragem do Sabugal
Adão
Rochoso
Cerdeira
Pinzio
Castelo Mondo
Castelo Bom
Manigoto
Almeida
Reigada
Freixeda de Torrão
Marofa
978
Figueira de Castelo Rodrigo
Castelo Rodrigo
Almendra
Barca de Alva
Urros
Rio Douro
Rio Côa
Freixo de Espada á Cinta
Vega de Terrón
La Fregeneda
Hinolosa de Duero
Lumbrales
Sobradillo
La Bouza
Rio Agueda
Puerto Seguro
San Felices de los Gallegos
Fuenteliante
Bogajo
Cerralbo
Saldeana
Saucelle
Barruecopardo
Vilvestre
Milano
Embalse de Saucelle
Arribes
Rio Huebra
Villar de Ciervo
Castillejo de Martín Viejo
Aldea del Obispo
Gallegos de Argañán
Vilar Formoso
Fuentes de Oñoro
Espeja
Carpio de Azaba
Malhada Sorda
Nave de Haver
Ituero de Azaba
893
Guinaldo
Fuenteguinaldo
La Albergueria de Argañán
Aldeia da Ponte
Nave
Casillas de Flores
Lageosa
Villasrubias
Navasfrías
Vale de Espinho
1265
Mezas
El Payo
Jañona
1367
Puerto Perales
910
Sierra de Gata
Gata
Acebo
Valverde del Fresno
Villamiel
Hoyos
(511)
Villasbuenas de Gata
Perales del Puerto
Cilleros
La Moheda
Moraleja
Penha Garcia
Termas do Monfortinho
Monfortinho
Caballo
562
Casillas de Coria
Pescueza
Salvaterra do Extremo
Zarza la Mayor
Rio Erjas
Barragem da Idanha
E802
IP2
IP5
IC26
E80
N620
N221
N232
N233
N332
N 233
222
332
517
513
526
109
108
117
239
232
240

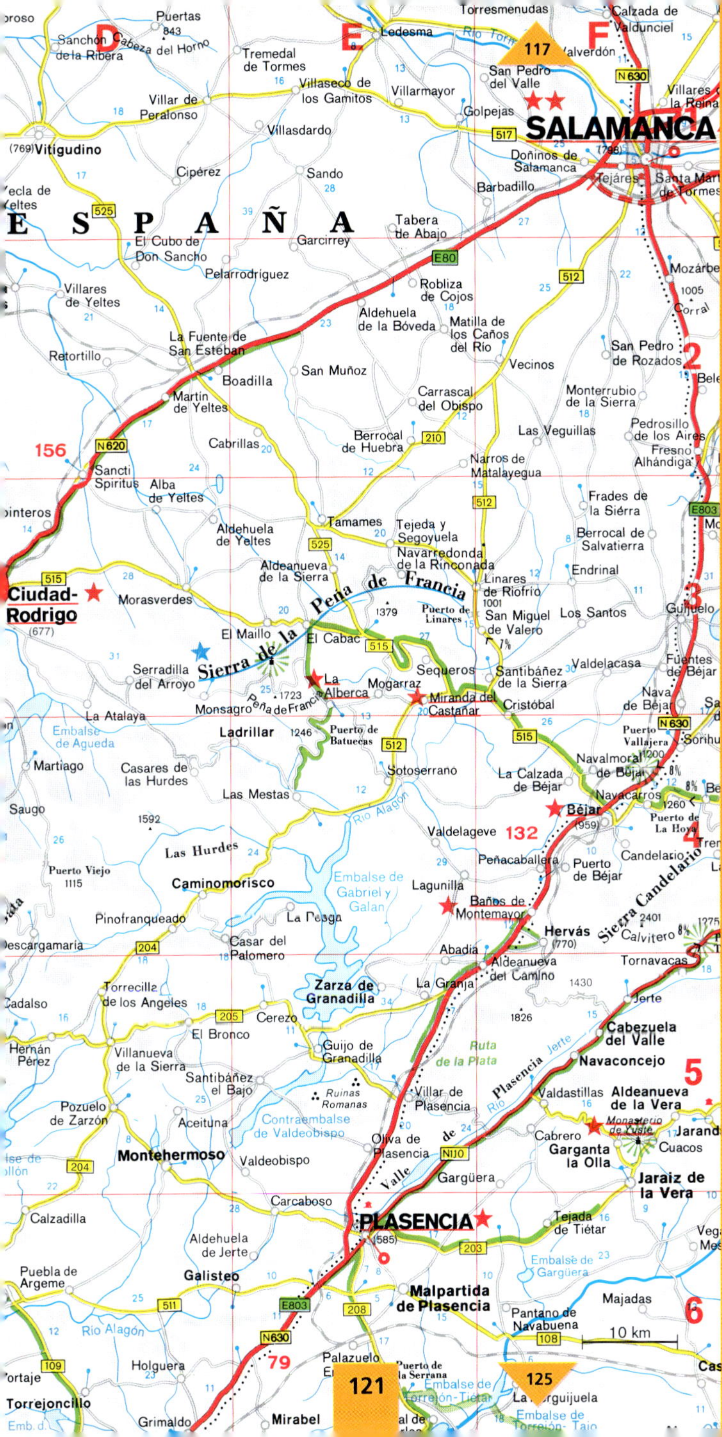

D
E
F
117
Puertas
843
Sanchón de la Ribera
Cabeza del Horno
Tremedal de Tormes
Ledesma
Torresmenudas
Calzada de Valdunciel
Río Tormes
Valverdón
N 630
San Pedro del Valle
Villarmayor
Villaseco de los Gamitos
Villar de Peralonso
Golpejas
Villares de la Reina
SALAMANCA
517
Villasdardo
Vitigudino
(769)
Doñinos de Salamanca
(798)
Cipérez
Sando
Tejares
Santa Marta de Tormes
Barbadillo
525
E S P A Ñ A
Tabera de Abajo
El Cubo de Don Sancho
Garcirrey
E80
Pelarrodríguez
512
Mozárbez
1005
Corral
Villares de Yeltes
Robliza de Cojos
Aldehuela de la Bóveda
Matilla de los Caños del Río
La Fuente de San Esteban
San Pedro de Rozados
2
Retortillo
San Muñoz
Vecinos
Boadilla
Monterrubio de la Sierra
Martín de Yeltes
Carrascal del Obispo
Pedrosillo de los Aires
Las Veguillas
Berrocal de Huebra
210
Cabrillas
Fresno Alhándiga
156
N 620
Narros de Matalayegua
Sancti Spiritus
Alba de Yeltes
Frades de la Sierra
512
E803
Tamames
Tejeda y Segoyuela
Aldehuela de Yeltes
Berrocal de Salvatierra
525
Navarredonda de la Rinconada
Aldeanueva de la Sierra
Endrinal
515
Linares de Riofrío
3
Ciudad-Rodrigo
(677)
Morasverdes
Peña de Francia
1379
Puerto de Linares
1001
San Miguel de Valero
Los Santos
Guijuelo
El Maillo
El Cabaco
515
Sierra de la
Serradilla del Arroyo
Sequeros
Santibáñez de la Sierra
Valdelacasa
Fuentes de Béjar
La Alberca
Mogarraz
Miranda del Castañar
Cristóbal
1723
Monsagro
Peña de Francia
Nava de Béjar
La Atalaya
N 630
Embalse de Agueda
Ladrillar
1246
Puerto de Batuecas
512
515
Puerto Vallejera
1200
Sorihuela
Martiago
Casares de las Hurdes
Sotoserrano
La Calzada de Béjar
Navalmoral de Béjar
Las Mestas
Navacarros
1260
Saugo
1592
Río Alagón
Béjar
(959)
Puerto de La Hoya
Valdelageve
132
4
Las Hurdes
Puerto Viejo
1115
Peñacaballera
Puerto de Béjar
Candelario
Caminomorisco
Embalse de Gabriel y Galan
Lagunilla
Sierra Candelario
Baños de Montemayor
2401
Calvitero
Pinofranqueado
La Pesga
Hervás
(770)
Descargamaría
204
Casar del Palomero
Abadía
Aldeanueva del Camino
Tornavacas
Torrecilla de los Angeles
Zarza de Granadilla
La Granja
1430
Jerte
Cadalso
205
Cerezo
1826
Cabezuela del Valle
El Bronco
Hernán Pérez
Villanueva de la Sierra
Guijo de Granadilla
Ruta de la Plata
Navaconcejo
5
Valle de Plasencia Jerte
Río
Santibáñez el Bajo
Ruinas Romanas
Villar de Plasencia
Valdastillas
Aldeanueva de la Vera
Pozuelo de Zarzón
Contraembalse de Valdeobispo
Monasterio de Yuste
Jarandilla
Aceituna
Oliva de Plasencia
Cabrero
Cuacos
Garganta la Olla
Montehermoso
Valdeobispo
N110
Valle
Gargüera
204
Jaraiz de la Vera
Calzadilla
Carcaboso
PLASENCIA
(585)
Tejeda de Tiétar
203
Aldehuela de Jerte
Embalse de Gargüera
Puebla de Argeme
Galisteo
Malpartida de Plasencia
511
E803
208
Pantano de Navabuena
Majadas
6
Río Alagón
N630
108
10 km
Portaje
109
Holguera
79
Palazuelo
Puerto de la Serrana
Embalse de Torrejón-Tiétar
125
La Bazagona (?)
Torrejoncillo
Grimaldo
Mirabel
Embalse de Torrejón-Tajo

A
118
B
C
57
1
2
3
4
5
6
10 km
OCÉANO
ATLÂNTICO
Costa de Prata
Costa de Estremadura
Reserva Natural das Berlengas
Ilhas Farilhões
Ilhas Berlenga
Cabo Carvoeiro
Peniche
Baleal
Atouguia da Baleia
Óbidos
Lagoa de Óbidos
Caldas da Rainha
Foz do Arelho
Praia do Rei Cortiça
São Martinho do Porto
Nazaré
Pataias
Alcobaça
Aljubarrota
Alpedriz
Batalha
Maceira
Marinha Grande
São Pedro de Muel
Preia da Vieira
Vieira de Leiria
Pedrógão
Monte Real
Amor
Parque Natural das Serras de Aire e Candeeiros
Serra dos Candeeiros
Benedita
Alcobertas
Gruta de Alcobertas
Rio Maior
São João da Ribeira
Almoster
Bombarral
Cadaval
Cercal
Praia da Areia Blanca
Lourinhã
Campelos
Vilar
Serra de Montejunto
660
Praia de Porto Novo
Vimeiro
Praia de Santa Cruz
Torres Vedras
Maxial
Atalaia
Merceana
Ota
Ereira
Aveiras de Cima
Azambuja
São Pedro da Cadeira
Turcifal
Dois Portos
Runa
Alenquer
Carregado
Cadafais
Aboboreira
Sobral de Mte. Agraço
Arruda dos Vinhos
Vila Franca de Xira
Alhandra
Santo Isidoro
Ericeira
Carvoeira
Mafra
Gradil
Malveira
Bucelas
Porto Alto
Alverca do Ribatejo
Parque Natural de Sintra-Cascais
Magoito
Azenhas do Mar
Praia das Maçãs
Montelavar
Almargem do Bispo
Lousa
Loures
Reserva Natural do Estuário do Tejo
Tejo
Colares
Praia Grande
Sintra
Cabo da Roca
Malveira da Serra
Odivelas
Cacém
Sacavém
Moscavide
Queluz
AMADORA
LISBOA
Alcochete
Montijo
Samouco
Cabo Raso
126
Boca do Inferno
Cascais
Estoril
122
Baixa da Banheira
Sarilhos Grandes
Rio
A8
A15
A9
A1
A2
A5
IC1
IC2
IP6
IP1
E80
E01

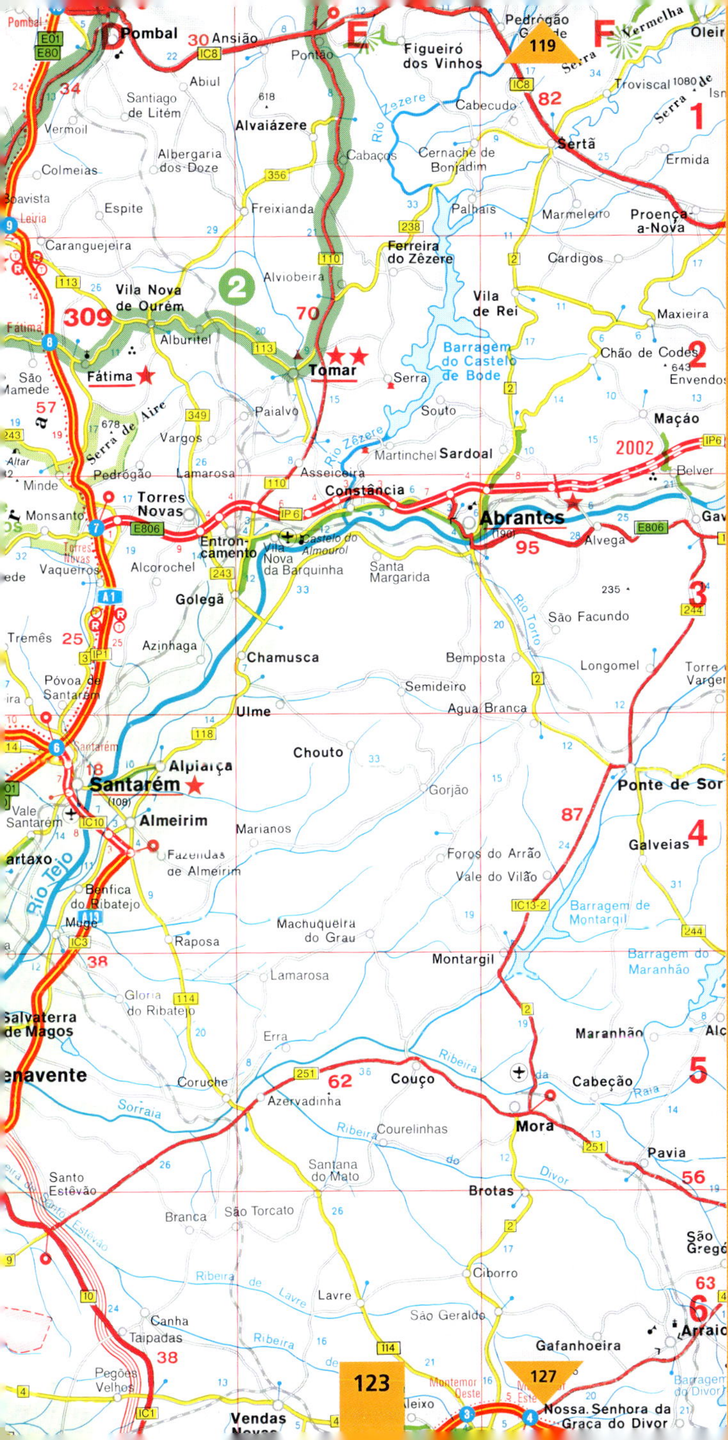
Pombal
Ansião
Pontão
Figueiró dos Vinhos
Pedrógão Grande
Oleiros
Serra Vermelha
Abiul
Santiago de Litém
Vermoil
Alvaiázere
Cabecudo
Cabaços
Cernache de Bonjardim
Sertã
Troviscal
Serra de Alvelos
Ermida
Colmeias
Albergaria dos Doze
Freixianda
Espite
Leiria
Palhais
Marmeleiro
Proença-a-Nova
Caranguejeira
Ferreira do Zêzere
Cardigos
Alviobeira
Vila Nova de Ourém
Vila de Rei
Maxieira
Fátima
Alburitel
Barragem do Castelo de Bode
Chão de Codes
Envendos
São Mamede
Tomar
Serra
Souto
Maçáo
Paialvo
Serra de Aire
Vargos
Martinchel
Sardoal
Rio Zêzere
Belver
Pedrógão
Lamarosa
Asseiceira
Minde
Constância
Torres Novas
Monsanto
Abrantes
Alvega
Entroncamento
Vila Nova da Barquinha
Castelo do Almourol
Santa Margarida
Vaqueiros
Alcorochel
Golegã
São Facundo
Rio Torto
Tremês
Azinhaga
Chamusca
Bemposta
Longomel
Póvoa de Santarém
Semideiro
Agua Branca
Ulme
Chouto
Alpiarça
Santarém
Ponte de Sor
Gorjão
Vale de Santarém
Almeirim
Marianos
Galveias
Cartaxo
Rio Tejo
Fazendas de Almeirim
Foros do Arrão
Vale do Vilão
Benfica do Ribatejo
Barragem de Montargil
Muge
Machuquelra do Grau
Raposa
Montargil
Barragem do Maranhão
Lamarosa
Glória do Ribatejo
Salvaterra de Magos
Maranhão
Erra
Benavente
Coruche
Couço
Ribeira da Raia
Cabeção
Sorraia
Azervadinha
Mora
Ribeira do Divor
Courelinhas
Pavia
Santo Estêvão
Santana do Mato
Brotas
Branca
São Torcato
São Gregório
Ciborro
Ribeira de Lavre
Lavre
São Geraldo
Canha
Taipadas
Gafanhoeira
Arraiolos
Pegões Velhos
Montemor-o-Novo
Barragem do Divor
Vendas Novas
Nossa Senhora da Graça do Divor
119
123
127

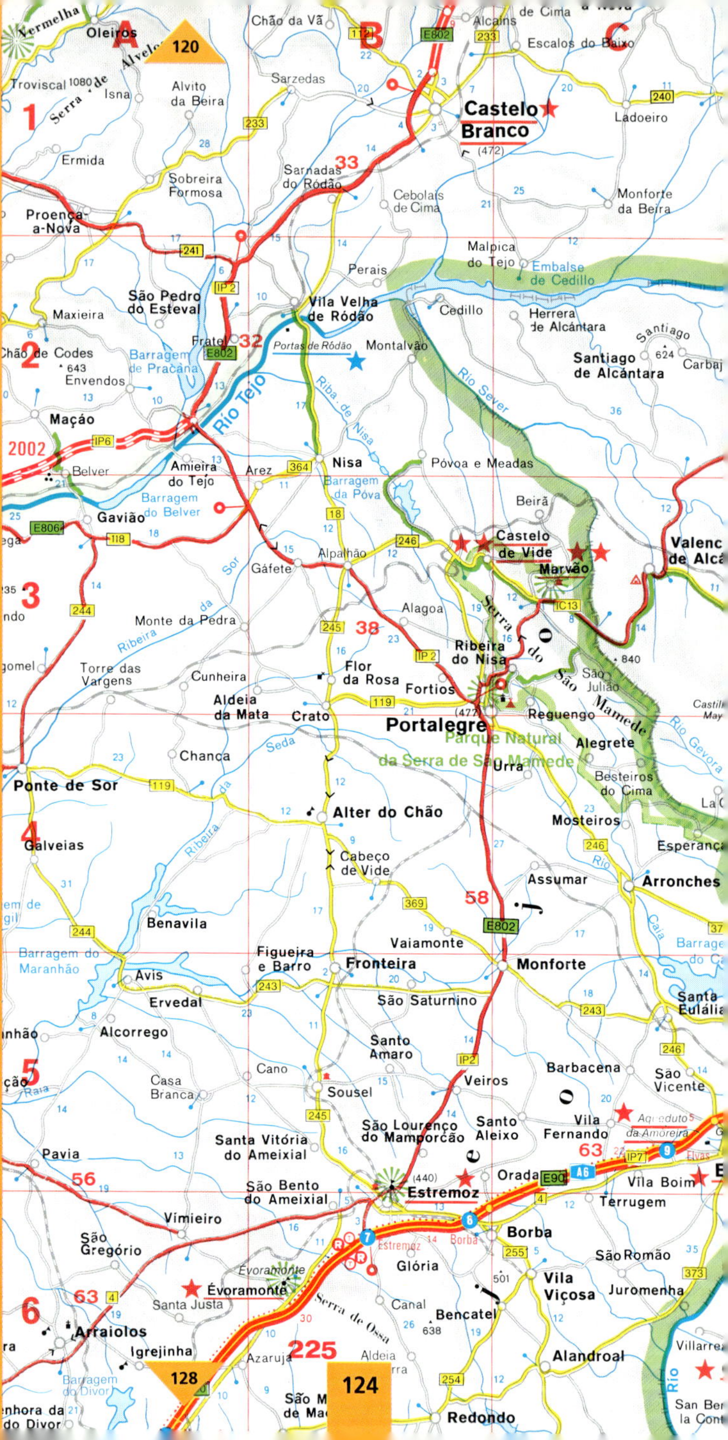

A
B
C
1
2
3
4
5
6
120
128
124
Oleiros
Troviscal
Serra de Alvelos
Isna
Alvito da Beira
Ermida
Sobreira Formosa
Proença-a-Nova
Chão da Vã
Sarzedas
Sarnadas do Ródão
Alcains
Escalos do Baixo
Castelo Branco
Ladoeiro
Cebolais de Cima
Monforte da Beira
Malpica do Tejo
Embalse de Cedillo
Perais
Cedillo
Herrera de Alcántara
Santiago de Alcántara
Carbaj
Maxieira
São Pedro do Esteval
Vila Velha de Ródão
Portas de Ródão
Montalvão
Fratel
Barragem de Pracana
Chão de Codes
Envendos
Mação
Rio Tejo
Riba. de Nisa
Rio Sever
2002
Belver
Amieira do Tejo
Arez
Nisa
Póvoa e Meadas
Barragem da Póva
Barragem do Belver
Gavião
Beirã
Castelo de Vide
Marvão
Valencia de Alcántara
Gáfete
Alpalhão
Alagoa
Monte da Pedra
Ribeira
Torre das Vargens
Cunheira
Flor da Rosa
Ribeira do Nisa
Serra do São Mamede
São Julião
Fortios
Aldeia da Mata
Crato
Portalegre
Reguengo
Parque Natural da Serra de São Mamede
Alegrete
Rio Gevora
Chanca
Seda
Urra
Besteiros do Cima
Ponte de Sor
Alter do Chão
Mosteiros
Galveias
Cabeço de Vide
Esperança
Assumar
Arronches
Benavila
Vaiamonte
Barragem do Maranhão
Figueira e Barro
Fronteira
Monforte
Avis
Erveda l
São Saturnino
Santa Eulália
Alcorrego
Santo Amaro
Cano
Casa Branca
Sousel
Veiros
Barbacena
São Vicente
Santa Vitória do Ameixial
São Lourenço do Mamporcão
Santo Aleixo
Vila Fernando
Aqueduto da Amoreira
Pavia
São Bento do Ameixial
Estremoz
Orada
Vila Boim
Terrugem
Elvas
Vimieiro
Borba
São Gregório
Glória
São Romão
Evoramonte
Vila Viçosa
Juromenha
Santa Justa
Serra de Ossa
Canal
Bencatel
Arraiolos
Igrejinha
Azaruja
Alandroal
Villarreal
Barragem do Divor
Redondo

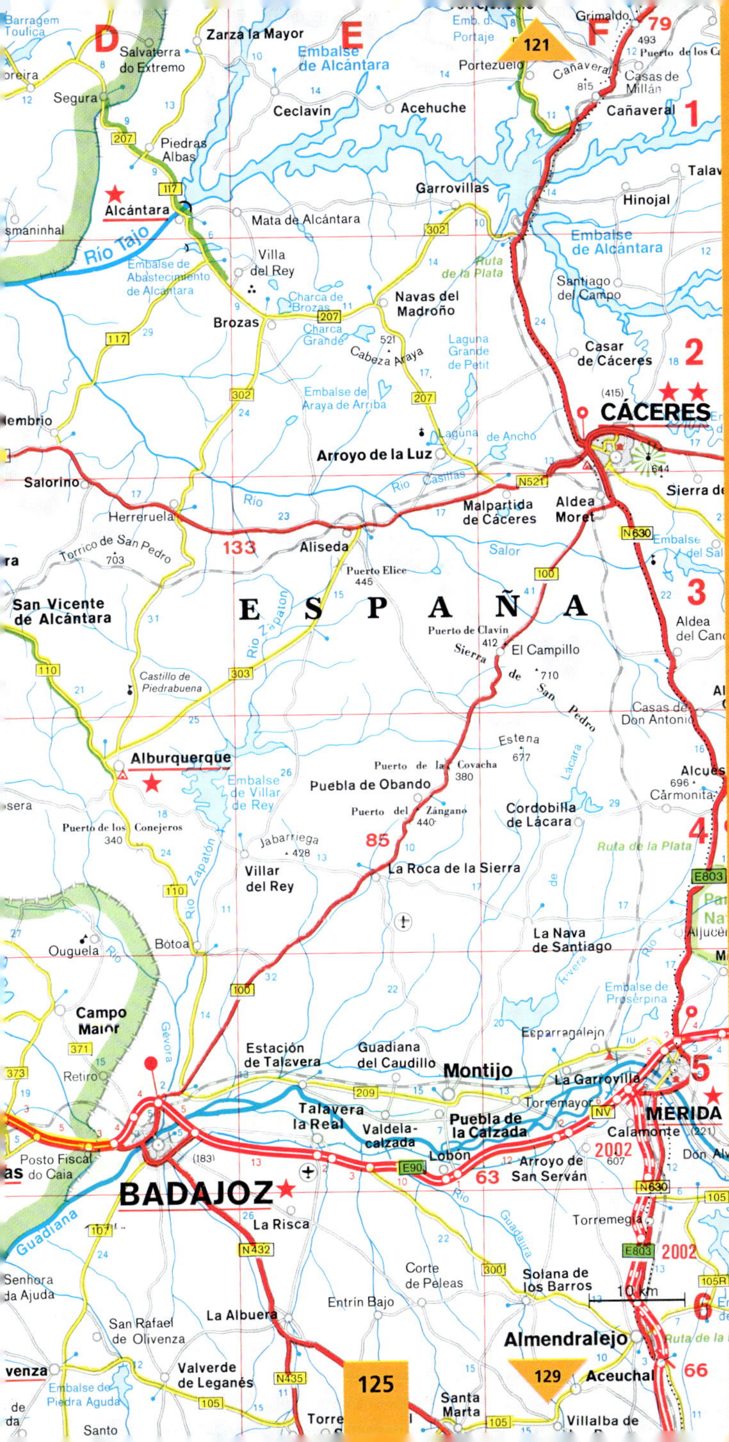
D
E
F
121
79
Barragem Toulica
Salvaterra do Extremo
Zarza la Mayor
Embalse de Alcántara
Emb. d. Portaje
Grimaldo
493
Puerto de los Ca
Portezuelo
Cañaveral
Casas de Millán
815
Cañaveral
1
Segura
Ceclavín
Acehuche
207
Piedras Albas
117
Alcántara
Garrovillas
Talav
Hinojal
smaninhal
Río Tajo
Mata de Alcántara
302
Embalse de Alcántara
Embalse de Abastecimiento de Alcántara
Villa del Rey
Ruta de la Plata
Santiago del Campo
Charca de Brozas
Navas del Madroño
Brozas
Charca Grande
521
Cabeza Araya
Laguna Grande de Petit
Casar de Cáceres
2
117
Embalse de Araya de Arriba
(415)
CÁCERES
embrio
Laguna de Ancho
Arroyo de la Luz
644
Salorino
Río Casillas
N521
Sierra de
Herreruela
Río
Malpartida de Cáceres
Aldea Moret
133
Aliseda
N630
Embalse del Sal
Torrico de San Pedro
703
Salor
ra
Puerto Elice
445
100
3
San Vicente de Alcántara
E S P A Ñ A
Río Zapatón
Puerto de Clavín
412
Aldea del Cano
El Campillo
Sierra de San Pedro
710
110
Castillo de Piedrabuena
303
Casas de Don Antonio
Estena
677
Puerto de la Covacha
380
Alburquerque
Embalse de Villar de Rey
Puebla de Obando
Alcuéscar
696
Carmonita
sera
Puerto del Zángano
440
Cordobilla de Lácara
Lácara
Puerto de los Conejeros
340
Jabarriega
428
85
Ruta de la Plata
4
Villar del Rey
La Roca de la Sierra
E803
110
Río Zapatón
Ouguela
Bótoa
La Nava de Santiago
Aljucén
Río Aljucén
Campo Maior
100
Embalse de Proserpina
371
Gévora
Esparragalejo
373
Retiro
Estación de Talavera
Guadiana del Caudillo
Montijo
La Garrovilla
5
209
Torremayor
NV
MERIDA
Talavera la Real
Valdelacalzada
Puebla de la Calzada
Calamonte
(221)
Posto Fiscal do Caia
(183)
Lobón
2002
607
Don Alv
E90
Arroyo de San Serván
63
BADAJOZ
N630
105
Río Guadajira
La Risca
Torremegía
Guadiana
107
N432
E803
2002
Senhora da Ajuda
Corte de Peleas
300
Solana de los Barros
105R
10 km
Entrín Bajo
6
San Rafael de Olivenza
La Albuera
Ruta de la Plata
Almendralejo
Olivenza
Valverde de Leganés
N435
125
129
Aceuchal
66
Embalse de Piedra Agudа
105
Santa Marta
105
Torre
Villalba de
Santo

A
122
1
2
3
4
5
6
OCÉANO
ATLÂNTICO
Santo Isidoro
Carvoeira
Mafra
Gradil
Malveira
Arruda dos Vinhos
Vila Franca de Xira
Alhandra
Porto Alto
Bucelas
Alverca do Ribatejo
Parque Natural de Sintra-Cascais
Magoito
Azenhas do Mar
Praia das Maçãs
Montelavar
Almargem do Bispo
Lousa
Loures
Reserva Natural do Estuário do Tejo
Tejo
Colares
Praia Grande
Odivelas
Cacém
Sacavém
Sintra
Cabo da Roca
Queluz
Moscavide
Malveira da Serra
AMADORA
LISBOA
Alcochete
Cascais
Cabo Raso
Boca do Inferno
Estoril
Oeiras
ALMADA
Samouco
Montijo
Rio
Baixa da Banheira
Sarilhos Grandes
Moita
Trafaria
Barreiro
Seixal
Palhais
Pinhal Novo
Costa da Caparica
Coina
Charneca
Fogueteiro
Praia do Sol
Palmela
Fernão Ferro
Palacio da Bacalhoa
SETÚ
Aldeia de Irmãos
Lagoa de Albufeira
Serra da Arrábida
Tróia
Alfarim
Santana
Portinho da Arrábida
Sesimbra
Serra do Cabo
Parque Natural da Arrábida
Cabo Espichel
Lagoa de Santo An
Cidade de Sant
Cabo de Sines
Sines
Porto C
10 km
Vila Nova

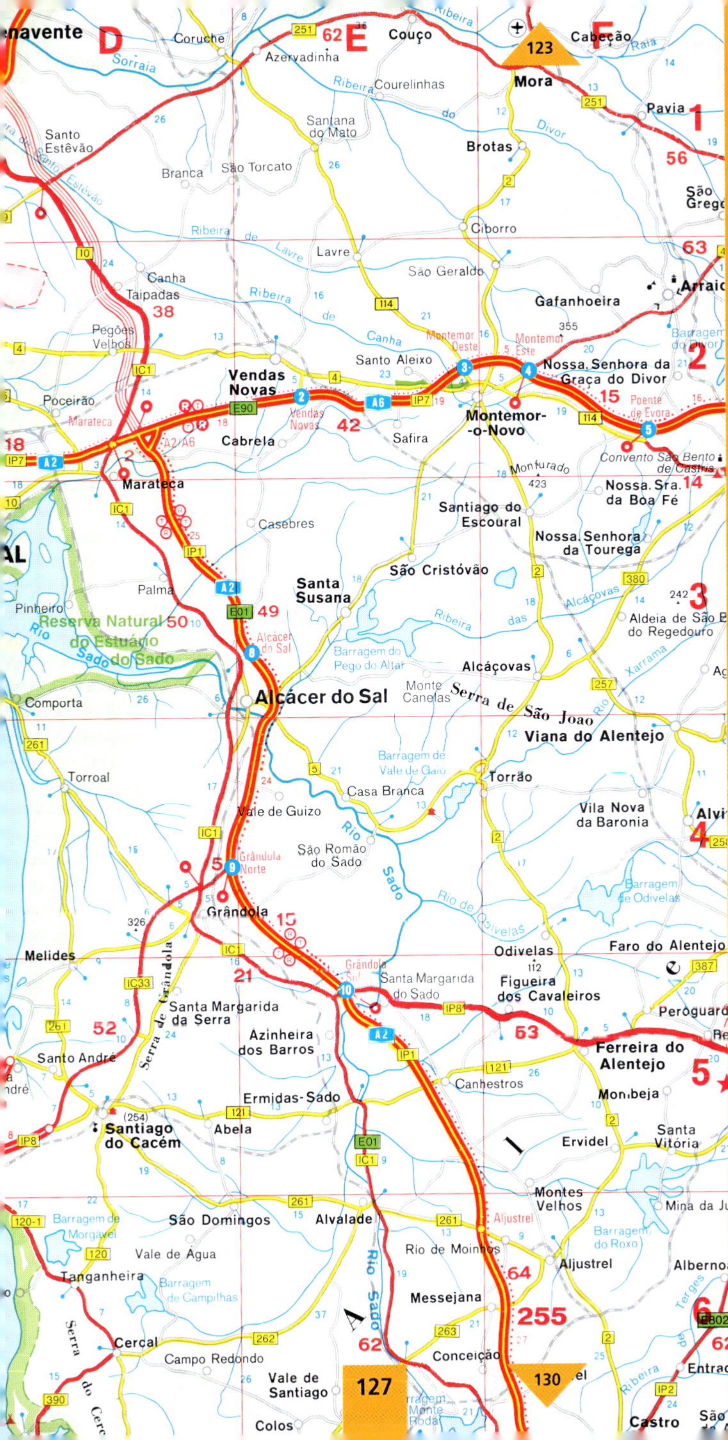

D
E
F
1
2
3
4
5
6
123
127
130
Coruche
Couço
Cabeção
Azervadinha
Sorraia
Ribeira
Raia
Courelinhas
Mora
Pavia
Santo Estêvão
Santana do Mato
Brotas
Divor
Branca
São Torcato
São Gregório
Ribeira de Lavre
Lavre
Ciborro
São Geraldo
Canha
Taipadas
Gafanhoeira
Arraiolos
Pegões Velhos
Ribeira de Canha
Montemor Oeste
Montemor Este
Barragem do Divor
Santo Aleixo
Nossa Senhora da Graça do Divor
Vendas Novas
Poceirão
Marateca
A2/A6
Cabrela
Safira
Montemor-o-Novo
Poente de Évora
Convento São Bento de Castris
Monfurado
Nossa Sra. da Boa Fé
Santiago do Escoural
Casebres
Nossa Senhora da Tourega
São Cristóvão
Santa Susana
Palma
Pinheiro
Reserva Natural do Estuário do Sado
Rio Sado
Alcácer do Sal
Barragem do Pego do Altar
Ribeira das Alcáçovas
Aldeia de São Bento do Regedouro
Alcáçovas
Monte Canelas
Serra de São João
Xarrama
Comporta
Viana do Alentejo
Torroal
Barragem de Vale de Gaio
Torrão
Casa Branca
Vale de Guizo
Vila Nova da Baronia
Alvito
São Romão do Sado
Grândola Norte
Grândola
Rio de Odivelas
Barragem de Odivelas
Melides
Serra de Grândola
Odivelas
Faro do Alentejo
Grândola Sul
Santa Margarida do Sado
Figueira dos Cavaleiros
Santa Margarida da Serra
Peroguarda
Azinheira dos Barros
Ferreira do Alentejo
Santo André
Canhestros
Ermidas-Sado
Santiago do Cacém
Abela
Mombeja
Ervidel
Santa Vitória
Montes Velhos
Barragem de Morgavel
São Domingos
Alvalade
Aljustrel
Mina da Juliana
Vale de Água
Rio de Moinhos
Barragem do Roxo
Tanganheira
Barragem de Campilhas
Aljustrel
Albernoa
Messejana
Terges
Serra do Cercal
Cercal
Campo Redondo
Conceição
Vale de Santiago
Barragem Monte da Rocha
Entradas
Castro
Colos
São

A
B
C
124
Sousel
Cano
Veiros
Barbacena
São Vicente
Pavia
Santa Vitória do Ameixial
São Lourenço do Mamporcão
Santo Aleixo
Vila Fernando
Aqueduto da Amoreira
Elvas
São Bento do Ameixial
Estremoz
Orada
Vila Boim
Terrugem
Vimieiro
São Gregório
Borba
São Romão
Glória
Évoramonte
Santa Justa
Vila Viçosa
Juromenha
Arraiolos
Igrejinha
Canal
Bencatel
Serra de Ossa
Azaruja
Aldeia da Serra
Alandroal
Villarreal
Barragem do Divor
São Miguel de Machede
Redondo
Terena
Rosário
Nascente de Évora
Poente de Évora
Nossa Sra. de Machede
Barragem da Vigia
Capelins
Milreo
Convento São Bento de Castris
Santa Susana
Santiago Maior
ÉVORA
Nossa Sra. da Boa Fé
Montoito
Cabeça de Carneiro
Cheles
Albufeira do Torres
Barragem do Monte Novo
Baldio
Sao Manços
Corval
Telheiro
Vendinha
Monsaráz
Aldeia de São Brás do Regedouro
Ruta de Washington Irving
Reguengos de Monsaraz
Mourão
Torre de Coelheiros
Monte do Trigo
Aguiar
Xarrama
Campo
São Bartolomeu de Outeiro
Barragem de Alqueva (em construção)
Luz
Portel
Oriola
Barragem do Alvito
Amieira
Santana
Alvito
Vila Alva
Vera Cruz de Marmelar
Serra do Mendro
Alqueva
Póvoa
Vidigueira
Alcaria
Marmelar
Barragem de Odivelas
Río
Santo Amador
Cuba
Selmes
Moura
Faro do Alentejo
Pedrógão
Minas da Orada
Machados
São Matias
Peroguarda
São Pedro
Beringel
Brinches
Baleizão
Beja
Pias
Vale de Vargo
Quintos
Ruta de Washington Irving
Serpa
Vila Verde de Ficalho
Salvada
Cabeça Gorda
Aldeia Nova de São Bento
Santa Vitória
Mina da Juliana
Santa Iria
Guadiana
Albernoa
Ribeira de Terges
Río Chança
Amendoeira
Vale de Açor
Parque Natural
Entradas
Montalvo
131
128
Algodor
Paymogo
Castro
São Marcos da Atabueira
Corte do Pinto

D
E
F
1
2
3
4
5
6
125
Retiro
de Talavera
del Caudillo
Montijo
a Garrovilla
MERIDA
Talavera
la Real
Valdelacalzada
Puebla de
la Calzada
Lobón
Calamonte
Posto Fiscal
do Caia
BADAJOZ
Arroyo de
San Serván
Guadiana
La Risca
Torremegía
Corte
de Peleas
Entrín Bajo
Solana de
los Barros
La Albuera
San Rafael
de Olivenza
Almendralejo
Valverde
de Leganés
Aceuchal
Embalse de
Piedra Aguda
Santa
Marta
Villalba de
los Barros
Santo
Domingo
Alor
610
Torre de Miguel
Sesmero
Almendral
Nogales
Villafranca
de los Barros
Embalse de
Albuera de Feria
La Morera
Táliga
La Parra
Fuente del
Maestre
Alconchel
Barcarrota
Salvaleón
Feria
Sierra Vieja
812
Embalse de
Guadajira
Embalse de
Zafra
Peña Utrera
813
Salvatierra
de los Barros
E S P A Ñ A
La Lapa
Zafra
Higuera de
Vargas
Puerto de
Santo Domingo
Valle de
Matamoros
Embalse de
Brovales
Burguillos
del Cerro
Puebla de
Sancho Pére
Medina de
las Torres
Villanueva del
Fresno
787
San José
Valle de
Santa Ana
Zahinos
Jerez de los
Caballeros
Valuengo
Valverde de
Burguillos
Calzadilla de
los Barros
Embalse de
Albuera
Embalse de
Valuengo
Puerto de la
Beltrama
447
Valencia
del Ventoso
Fuente
de Cantos
Oliva de la
Frontera
La Bazana
Valencia del
Mombuey
Puerto del Tablada
Fregenal
de la Sierra
Bodonal de
la Sierra
Ardila
San Cristóbal
776
Segura
de León
Calera de L
Barrancos
Barragem
de Murtigão
(em contrução)
Higuera la Real
Encinasola
Cabeza la Vaca
Cumbres de
Enmedio
Fuentes
de León
Santo Aleixo
Cumbres de
San Bartolomé
Cumbres
Mayores
Arroyomoli
de León
La
Contienda
Aroche
712
Hinojales
Cañaveral
de León
Parque Natural Sierra de
Aracena y Picos de Aroche
El Puerto
Embalse
de Aracena
Rosal de
la Frontera
Aroche
Puerto de
la Cruz
Galaroza
Cortelazor
Fuente-
heridos
Los
Marines
Corteconcepción
Jabugo
Cortegana
Puerto del Espino
Castaño del Robledo
Aracena
Puerto Moral
Gruta de las Maravillas
Alájar
Linares
de la Sierra
Almonaster la Real
Ruta de Washington Irving
Cabezo Gordo
613
Santa Ana
la Real
Higuera de
la Sierra
Gil Márquez
Sierra de Aracena
Santa Bárbara
de Casa
Embalse de
Perejil-Odiel
San Telmo
10 km
Valdelamusa
Embalse
de Sotiel
Campofrío
Pedro Caro
701
Valdeflore
El Cerro de
Andévalo
Los Si
Nerva
Ventorro
El Campillo
Minas
La Aulaga
Cabezas

A
B
C
1
2
3
4
5
6
127
Melides
Lagoa de Santo André
Santo André
Cidade Nova de Santo André
Santa Margarida da Serra
Serra de Grândola
Azinheira dos Barros
Santa Margarida do Sado
Canhestros
Ermidas-Sado
Santiago do Cacém
(254)
Abela
Cabo de Sines
Sines
Barragem de Morgável
São Domingos
Alvalade
Vale de Água
Rio de Moinhos
Tanganheira
Barragem de Campilhas
Porto Covo
Messejana
Rio Sado
Serra do Cercal
Cercal
Campo Redondo
Vale de Santiago
Conceição
Santa Luzia
Barragem de Monte da Rocha
Colos
Vila Nova de Milfontes
Reliquias
São Luis
Garvão
Rio Mira
Almograve
São Martinho das Amoreiras
Ourique
Aldeia dos Palheiros
Cabo Sardão
Cavaleiro
Fataca
Odemira
Luzianes
Parque Natural
Sobreiro
Santa Clara-a-Velha
Zambujeira do Mar
São Teotónio
Sabóia
Santana da Serra
Brejão
do Sudoeste
Barragem de Santa Clara
Odeceixe
455
Nave Redouda
Baiao Velho
Azilheira
Alentejano
Foz do Arroio
Cimalha
São Marcos da Serra
Rogil
Serra de Monchique
Alferce
Praia de Monte Clérigo
Aljezur
Fóia
902
Marmelete
Monchique
Picota
774
e Costa Vicentina
Caldas de Monchique
São Bartolomeu de Messines
Alfambras
Serra do Espinhaço de Cão
Barragem do Arade
Barragem da Bravura
Porto de Lagos
Silves
Frangueira
Bordeira
Rota de Washington Irving
Pontal
Carrapateira
Mexilhoeira Grande
Portimão
Algoz
Bensafrim
Lagoa
Alcantarilha
Odeaxere
Alvor
Ferragudo
Lagos
Praia da Rocha
Porches
Guia
Budens
Praia da Carvoeiro
Armação de Pêra
Vila do Bispo
Praia da Luz
Ponta da Piedade
Albufeira
Figueira
Burgau
Cabo de São Vicente
Praia da Salema
Sagres
Ponta de Sagres
10 km
OCÉANO ATLÂNTICO
IC33
IP8
A2
IP1
E01
IC1
261
120-1
120
262
263
390
393
123
266
N 266
267
268
124
125
269
52
62
68
128
46
33
2002

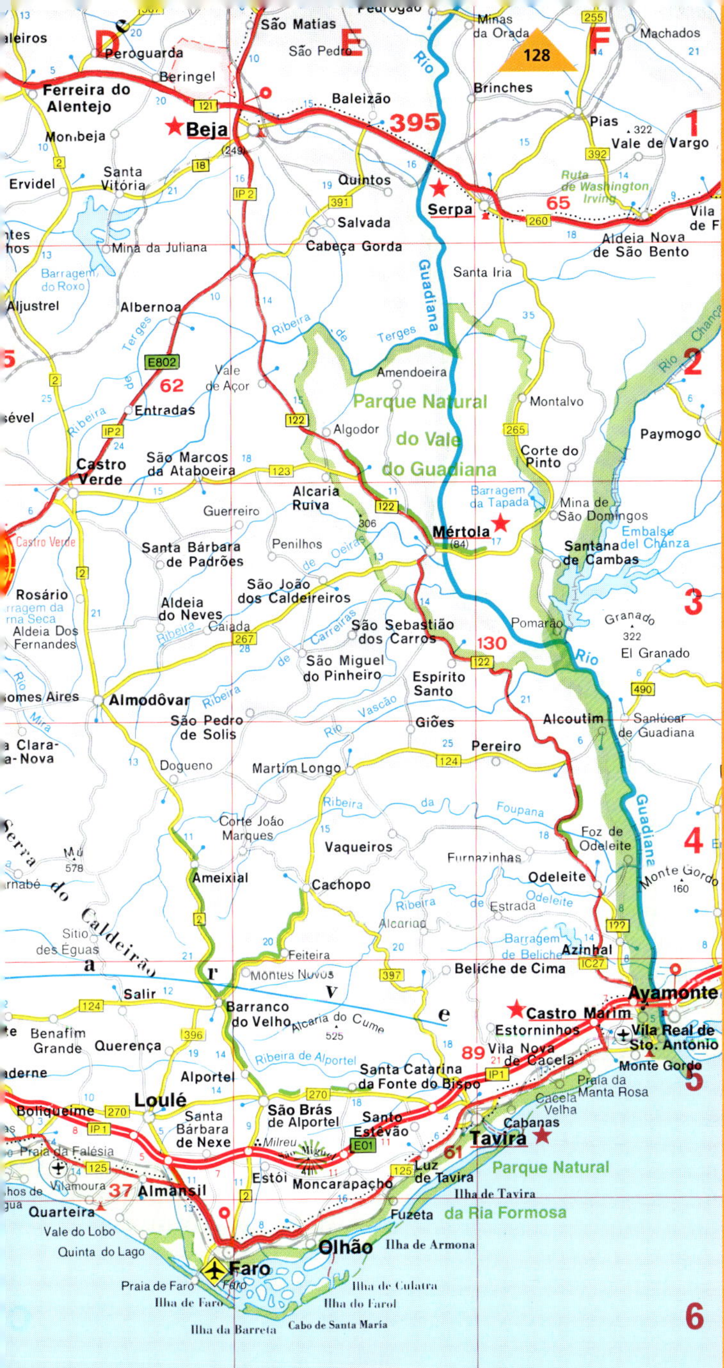
D
E
F
128
1
2
3
4
5
6
São Matias
São Pedro
Minas da Orada
Machados
Peroguarda
Beringel
Ferreira do Alentejo
Beja
Baleizão
395
Brinches
Pias
Vale de Vargo
Monbeja
Ervidel
Santa Vitória
Quintos
Serpa
Ruta de Washington Irving
65
Vila de F
Aldeia Nova de São Bento
Salvada
Cabeça Gorda
Mina da Juliana
Barragem do Roxo
Santa Iria
Aljustrel
Albernoa
Rio Guadiana
Ribeira de Terges
Terges
Vale de Açor
Amendoeira
Parque Natural do Vale do Guadiana
Montalvo
Rio Chança
Paymogo
62
Entradas
Algodor
Corte do Pinto
Castro Verde
São Marcos da Ataboeira
Alcaria Ruiva
Barragem da Tapada
Mina de São Domingos
Guerreiro
Mértola
Embalse del Chanza
Santana de Cambas
Santa Bárbara de Padrões
Penilhos
Ribeira de Oeiras
São João dos Caldeireiros
Rosário
Aldeia Dos Fernandes
Aldeia do Neves
Caiada
São Sebastião dos Carros
Pomarão
Granado
El Granado
130
São Miguel do Pinheiro
Espírito Santo
Almodôvar
São Pedro de Solis
Giões
Alcoutim
Sanlúcar de Guadiana
Pereiro
Dogueno
Martim Longo
Ribeira da Foupana
Corte João Marques
Vaqueiros
Furnazinhas
Foz de Odeleite
Serra do Caldeirão
Ameixial
Cachopo
Odeleite
Monte Gordo
Sítio des Éguas
Alcarião
Ribeira de Odeleite
Estrada
Barragem de Beliche
Feiteira
Azinhal
Montes Novos
Beliche de Cima
Ayamonte
Salir
Barranco do Velho
Alcaria do Cume
Castro Marim
Estorninhos
Vila Real de Sto. António
Benafim Grande
Querença
89
Vila Nova de Cacela
Ribeira de Alportel
Alportel
Santa Catarina da Fonte do Bispo
Praia da Manta Rosa
Cacela Velha
Loulé
Boliqueime
São Brás de Alportel
Santo Estêvão
Cabanas
Santa Bárbara de Nexe
Tavira
Praia da Falésia
Milreu
61
Vilamoura
37
Almansil
Estói
Moncarapacho
Luz de Tavira
Parque Natural da Ria Formosa
Ilha de Tavira
Quarteira
Vale do Lobo
Fuzeta
Quinta do Lago
Olhão
Ilha de Armona
Faro
Praia de Faro
Ilha de Culatra
Ilha de Faro
Ilha do Farol
Ilha da Barreta
Cabo de Santa María

MARCO POLO

Für Ihre nächste Reise gibt es folgende Titel:

Deutschland

Allgäu
Amrum/Föhr
Bayerischer Wald
Berlin
Bodensee
Chiemgau/ Berchtesgaden
Dresden
Düsseldorf
Eifel
Erzgebirge/ Vogtland
Franken
Frankfurt
Hamburg
Harz
Heidelberg
Köln
Leipzig
Lüneburger Heide
Mark Brandenburg
Mecklenburger Seenplatte
Mosel
München
Nordseeküste: Niedersachsen mit Helgoland
Nordseeküste: Schleswig-Holst.
Oberbayern
Ostfries. Inseln
Ostseeküste: Mecklenburg-Vorpommern
Ostseeküste: Schleswig-Holst.
Pfalz
Potsdam
Rügen
Schwarzwald
Spreewald/Lausitz
Sylt
Thüringen
Usedom
Weimar
Die besten Weine in Deutschland
Die tollsten Musicals in Deutschland

Frankreich

Bretagne
Burgund
Côte d'Azur
Disneyland Paris
Elsass
Frankreich
Frz. Atlantikküste
Korsika
Languedoc-Roussillon
Loire-Tal
Normandie
Paris
Provence

Italien Malta

Capri
Dolomiten
Elba
Emilia-Romagna
Florenz
Gardasee
Golf von Neapel
Ischia
Italien Festland
Italien Nord
Italien Süd
Ital. Adria
Ital. Riviera
Mailand/ Lombardei
Malta
Oberital. Seen
Piemont/Turin
Rom
Sardinien
Sizilien
Südtirol
Toskana
Umbrien
Venedig
Venetien/Friaul

Spanien Portugal

Algarve
Andalusien
Azoren
Barcelona
Costa Blanca
Costa Brava
Costa del Sol/ Granada
Fuerteventura
Gomera/Hierro
Gran Canaria
Ibiza/Formentera
Lanzarote
La Palma
Lissabon
Madeira
Madrid
Mallorca
Menorca
Portugal
Spanien
Teneriffa

Nordeuropa

Bornholm
Dänemark
Finnland
Island
Kopenhagen
Norwegen
Schweden

Osteuropa

Baltikum
Budapest
Königsberg/ Ostpreußen Nord
Masurische Seen
Moskau
Plattensee
Polen
Prag
Riesengebirge
Rumänien
Russland
St. Petersburg
Slowakei
Tschechien
Ungarn

Österreich Schweiz

Berner Oberland/ Bern
Kärnten
Österreich
Salzburg/ Salzkammergut
Schweiz
Tessin
Tirol
Wien
Zürich

Westeuropa und Benelux

Amsterdam
Brüssel
England
Flandern
Holländische Küste
Irland
Kanalinseln
London
Luxemburg
Niederlande
Schottland
Südengland
Wales

Südosteuropa

Athen
Bulgarien
Chalkidiki
Dalmat. Küste
Griechenland Festland
Griechische Inseln/Ägäis
Ionische Inseln
Istrien
Istanbul
Korfu
Kos
Kreta
Peloponnes
Rhodos
Samos
Türkei
Türkische Mittelmeerküste
Zypern

Nordamerika

Alaska
Chicago und die Großen Seen
Florida
Hawaii
Kalifornien
Kanada
Kanada Ost
Kanada West
Los Angeles
New York
Rocky Mountains
San Francisco
USA
USA Neuengland
USA Ost
USA Südstaaten
USA Südwest
USA West
Washington, D.C.

Mittel- und Südamerika Antarktis

Antarktis
Argentinien/ Buenos Aires
Bahamas
Barbados
Brasilien/ Rio de Janeiro
Chile
Costa Rica
Dominikanische Republik
Ecuador/ Galapagos
Jamaika
Karibik I
Karibik II
Kuba
Mexiko
Peru/Bolivien
Südamerika
Venezuela
Yucatán

Afrika Vorderer Orient

Ägypten
Dubai/Emirate/ Oman
Israel
Jemen
Jerusalem
Jordanien
Kenia
Libanon
Marokko
Namibia
Südafrika
Syrien
Türkei
Türkische Mittelmeerküste
Tunesien

Asien

Bali/Lombok
Bangkok
China
Hongkong
Indien
Japan
Ko Samui/ Ko Phangan
Malaysia
Nepal
Peking
Philippinen
Phuket
Singapur
Sri Lanka
Taiwan
Thailand
Tokio
Vietnam

Indischer Ozean Pazifik

Australien
Hawaii
Malediven
Mauritius
Neuseeland
Seychellen
Südsee

Sprachführer

Arabisch
Englisch
Französisch
Griechisch
Italienisch
Kroatisch
Niederländisch
Norwegisch
Polnisch
Portugiesisch
Russisch
Schwedisch
Spanisch
Tschechisch
Türkisch
Ungarisch

In diesem Register sind alle in diesem Führer erwähnten Orte und Ausflugsziele verzeichnet. Halbfette Seitenzahlen verweisen auf den Haupteintrag, kursive auf ein Foto.

Albufeira **74ff.,** 102, 103
Alcabideche 63
Alcobaça 47, **52f.,** *84,* **89**
Alcoutim **79,** 104
Almansil 78
Almendres 71
Alter do Chão 93
Alto Golf 92
Alvor 81
Amarante 23, 41, 87
Amares 15
Âncora 36
Antas 37
Arco de Baúlhe 103
Areias de São João 74, 75
Armação de Pêra 75
Aroeira 92
Arouca 49
Arraiolos 71
Aveiro 47ff.
Avintes 95
Barcelos 30
Barra 49
Barragem da Idanha 43
Barragem do Castelo de Bode 55
Batalha *6,* 15, 25, 47, **53, 89**
Beja 67ff.
Belmonte 44
Bom Jesus do Monte *26,* 29, **30**
Bracalândia 95
Braga 10, 24, **27ff.,** 86, 101
Bragança *38,* **39f.,** 101
Buçaco 49f.
Burgau 81
Cabanões 45
Cabo da Roca **65, 96**
Cabo de São Vicente 73, **82,** *83*
Caldas de Monchique 82f.
Caminha **36,** 86, 96
Caniçada 31
Carrapateira 82
Cascais 64, 96
Castelo Branco 23, **41ff.**
Castelo de Bode 55
Castelo de Paiva 87
Chaves **40,** 101
Citânia de Briteiros 30
Coimbra 13f., 25, 47, **50f., 87ff.,** 96, 101
Condeixa-a-Nova 23
Conimbriga 47, **51,** 89
Constância 24
Costa Azul 93
Costa Nova 49
Costa Vicentina 81f.
Covilhã 101
Crato 15
Curia 50
Darque 36
Dourokreuzfahrten 95
Dourotal *10,* 11, **34f.,** 87, 93
Escoural 71
Espinho **35,** 91f.
Esposende **30,** 85
Estói *77,* 78
Estoril **64,** 92
Estremoz 71
Évora *66,* **69ff.,** 102
Famalicão 52
Faro **76f.,** 99, 101
Fátima 25, 47, **55,** 89
Figueira da Foz 25, *48,* 49f.
Gondomar 23
Granja 35
Grutas de Alvados 53f.
Grutas de Santo António 53f.
Guadiana 79
Guarda 43f.
Guimarães 10, 15, **30f.,** 86
Guincho 93
Idanha-a-Velha 43
Idanhastausee 43
Kap São Vicente 73, **82,** *83*
Lagos 79ff.
Lamego 25, **45,** 87
Leça da Palmeira 96
Leiria **54,** 89, 96
Lindoso **37,** 86
Linhó 65
Lissabon 7, 8, 9, 13f., 15, *16, 22,* 23, 25, *56,* **57ff.,** 96f., 99, 101, 102f., 104, 105, 136
Livração 103
Loulé 24
Luso 50
Mafra 65
Manteigas 44
Matosinhos 95
Meco 101
Milreu 78
Miramar 35, 91f.
Mirandela 35
Misarela 49
Monchique 83
Monsanto 24, **43**
Monte da Franqueira 30
Monte da Senhora da Mó 49
Monte do Bom Jesus *26,* 29, **30**
Monte Santa Luzia 35, 36
Monte Santa Tecla **37,** 86
Moura 69
Nationalpark Peneda Gerês **31, 37, 86,** 93
Nazaré 23, 24, **51f.**
Óbidos 24, **54**
Oeiras 64
Ofir **30,** 85
Palmela 64
Parque Animal Quinta de Santo Inácio 95
Peneda-Gerês-Nationalpark **31, 37, 86,** 93
Peniche 93
Penina 92
Peso da Régua 34, **45,** 87
Pinhão 45
Pombeira-Arrifana 44
Ponta da Piedade 82
Ponte da Barca 37, 86
Ponte de Lima 37, **86**
Portalegre 71
Portimão 75, **82,** 101, 103
Porto 7, 8, 15, 23, 25, **31ff.,** 85, 95, 99, 101, 103, 104
Póvoa de Varzim 85

Praia da Belavista 101
Praia da Luz 80
Praia da Rocha 82
Praia de Faro 77
Praia de Monte Clérigo 82
Praia do Castelo 82
Praia dos Estudantes 81
Quarteira 136
Queluz 65
Quinta da Malafaia 37
Quinta de Santo Inácio 95
Quinta do Lago 77
Régua 34, **45,** 87
Resende 87
Ria de Aveiro 47, **49**
Rio Vouga 92
Sagres 82
Sameiro 30
Santa Bárbara de Nexe 77, **78**
São Brás de Alportel 24
São Frutuoso 30
Serra da Estrela 7, 39, **44,** 91, 92
Serra de Monchique 82f.
Serra de Sintra 92
Serra do Marão 41, 87
Silves 83
Sintra 25, **64f.**
Tavira 78f.
Tomar 15, 25, *46,* 47, **54f.,** 89
Tua 35
Vale do Lobo 77
Valença do Minho **36f.,** 86
Viana do Castelo 23, **35f.,** 85f., 96
Vila do Bispo 83
Vila do Conde 85
Vila Franca de Xira 25
Vila Franca do Lima 25
Vilamoura 76
Vila Nova de Foz Côa 44
Vila Nova de Gaia 16, 31, **34**
Vila Real **40f.,** 45, 87, 101
Vila Real de Santo António **79,** 104
Viseu **44f.,** 101
Vista Alegre 49
Vouga 92
Wald von Buçaco 49f.
Zambujeiro 71

Schreiben Sie uns!

Liebe Leserin, lieber Leser,

wir setzen alles daran, Ihnen möglichst aktuelle Informationen mit auf die Reise zu geben. Dennoch schleichen sich manchmal Fehler ein – trotz gründlicher Recherche unserer Autoren/innen. Sie haben sicherlich Verständnis, dass der Verlag dafür keine Haftung übernehmen kann. Wir freuen uns aber, wenn Sie uns schreiben.

Senden Sie Ihre Post an die MARCO POLO Redaktion,
Mairs Geographischer Verlag, Postfach 31 51, 73751 Ostfildern,
marcopolo@mairs.de

Impressum

Titelbild: Algarve (Mauritius: Pigneter)
Fotos: HB-Verlag: T. Widmann (1, 2 o., 9, 16, 25, 26, 27, 46, 52, 56, 57, 58, 65, 84, 88); laif: Osang (12, 22); F. Langer (77); Mauritius: Dumrath (14), Eichhorn/Zingel (38), Fagot (66), Rossenbach (6, 18), Susan (U. r., 72), Vidler (24); R. Osang (10, 20, 61, 73, 78, 97); Schlemmer (111); T. Stankiewicz (U. l., 4, 7, 33, 98); M. Thomas (U. M., 2 u., 5 o., 5 u., 21, 31, 37, 42, 48, 67, 70, 74, 83, 87, 90)

10., aktualisierte Auflage 2002 © Mairs Geographischer Verlag, Ostfildern
Herausgeber: Ferdinand Ranft, Chefredakteurin: Marion Zorn
Lektor: Nikolai Michaelis, Bildredakteurin: Gabriele Forst
Kartografie Reiseatlas: © Mairs Geographischer Verlag/Falk Verlag, Ostfildern
Gestaltung: red.sign, Stuttgart
Sprachführer: in Zusammenarbeit mit dem Ernst Klett Verlag GmbH, Stuttgart, PONS Wörterbücher

Printed in Germany. Gedruckt auf 100% chlorfrei gebleichtem Papier

Bloß nicht!

Auch in Portugal gibt es Touristenfallen und Dinge, die man besser meidet

Die meisten Portugiesen sind von Grund auf ehrliche Leute, und es liegt ihnen fern, Fremde übers Ohr zu hauen. Daher gibt es in Portugal auch nicht viele Touristenfallen und nur wenig Nepp. Dass Bootsfahrten aufs Meer hinaus mit Abendessen nicht gerade billig sind, erklärt sich von selbst; ebenso wird ein Candlelightdinner mit Fadomusik in der Altstadt von Lissabon ein kleines Loch in die Urlaubskasse reißen (pro Person ab 30 Euro), doch kann man auch Glück haben und nicht nur einen hervorragenden Koch, sondern auch eine wirklich gute Sängerin erleben.

Sicherlich ist in Touristenhochburgen eine gesunde Vor- und Umsicht geboten: Langfinger gibt es überall, auch in Portugal. »Schlepper«, wie man sie etwa von den nahöstlichen Basaren her kennt, kommen nur an ausgesprochenen Ferienorten auf Touristen zu. Und Taxifahrer, die »vergessen«, ihr Taxameter einzustellen, sollten Sie gleich zu Beginn der Fahrt bitten, dies zu tun.

Küsschen hier, Küsschen da

Beijinhos (Küsschen) verteilen will gelernt sein. Auch wenn es so aussieht, als küsse in Portugal jeder jeden, so gibt es doch eine richtige Kussetikette: 1. Niemals einen Fremden mit Kuss begrüßen. 2. Nur einmal küssen (auf dem Land zweimal), und zwar auf die rechte Wange. 3. Ein zartes Streifen der Wange genügt. 4. Sonstige Berührungen sind zu vermeiden.

Quarteira

Liegt 24 km westlich vom Flughafen Faro und ist vermutlich der hässlichste Ort ganz Portugals. Wahrscheinlich bieten deswegen Reiseveranstalter und Immobilienhändler die Wohnungen hier wie saures Bier an. Der neue Ortsteil besteht aus einer breiten Avenida und abschreckenden Hochhaussiedlungen; beängstigend menschenleer im Winter und hoffnungslos überlaufen im Sommer, ist dieser Ort wahrlich kein Muss!

Sonne und Brandung unterschätzen

Nach Nordportugal sollten Sie warme Kleidung und Regenschutz zu jeder Jahreszeit mitnehmen. Und beim Baden und Wassersport die wilde Brandung nicht unterschätzen – der Atlantik mit seinen Strömungen ist nicht das Mittelmeer! Unbedingt auf die Fahnensignale achten: Bei Grün ist Schwimmen erlaubt, bei Rot droht Gefahr, das Baden ist verboten. Außerdem: Auf keinen Fall auf Sonnenschutz verzichten!